從世界船王到
亂世銀行家
包玉剛的海陸空霸業

郭豔紅 著

崧燁文化

玉剛小檔案

一名中學畢業的香港人，從保險做起，一路成為世界八大船王之一，跨足上海

豐銀行、成立港龍航空，更是鄧小平欽定的首家合作外資企業負責人。

目錄

簡介   5

聰穎天資出少年   7

勇當軍樂隊旗手   15

求學心切離家鄉   19

漢口繼續求學路   25

初當學徒吃一塹   29

奉雙親命回鄉完婚   38

戰亂夫妻相濡以沫   41

巧遇親戚互相幫助   46

面對亂局巧妙應對   50

下定決心離開上海   55

攜家赴港舉步維艱   58

小本經營開始起步   63

為了夢想投資航運   68

傾產舉債舊船起家   73

身體力行誠信為本   87

策略營銷吸引油商   95

巧借外力發展船隊   99

終成一代世界船王   107

審時度勢預見危機　　　　　　　112

登陸首戰投資股票　　　　　　　119

打響九龍倉收購戰　　　　　　　125

鬥智鬥勇周密安排　　　　　　　131

世紀收購大獲全勝　　　　　　　139

下定決心收購會德豐　　　　　　145

收購會德豐再顯神威　　　　　　152

發展航空投資港龍　　　　　　　156

投資銀行改革渣打　　　　　　　163

心繫中國參政議政　　　　　　　169

為香港回歸出錢出力　　　　　　174

捐資修建兆龍飯店　　　　　　　180

榮歸故里創辦大學　　　　　　　183

拜師母建中興中學　　　　　　　189

勤儉持家報效國家　　　　　　　194

宣布退休女婿繼位　　　　　　　199

最後一擊留下遺憾　　　　　　　210

一代船王溘然謝世　　　　　　　214

船王葬禮極盡哀榮　　　　　　　218

附：年譜　　　　　　　　　　　224

簡介

　　包玉剛（一九一八年至一九九一），名起然，浙江寧波人。他出生在浙江寧波一個小家庭，父親包兆龍是個商人，常年在漢口經商。

　　一九四六年，包兆龍與人合資在上海開辦國豐造紙廠。

　　一九四九年年初，包兆龍與父親一起帶著數十萬元的積蓄，到香港另闖天下。

　　一九五五年，包玉剛成立了「環球航運集團有限公司」，並與日本一家船舶公司簽約，將「金安號」轉租給這家公司，以長期出租的方式從印度運煤到日本。

　　一九六七年，公司擴展為環球航運集團，包玉剛擔任主席、名譽主席。

　　一九七六年，包玉剛被英國女王封為爵士。

　　一九七八年，包玉剛的「海上王國」達到巔峰，穩坐世界十大船王的第一把交椅、香港十大財團之一，是第一個進入英資匯豐銀行的華人董事。

　　一九八五年，包玉剛以五億星幣奪得英資集團會德豐股權，成為繼李嘉誠入主和記黃埔之後，奪得英資四大洋行的第二個香港人。

一九八六年，包玉剛收購香港另一個發鈔銀行渣打銀行百分之十四點五的股份，成為該行最大的個人股東。

一九九一年九月二十三日，包玉剛因病在家中逝世，享壽七十三歲。

包玉剛是當年世界上擁有十億美元以上資產的十二位華人富豪之一，是世人公認的「華人世界船王」，一生自奉節儉、樂善好施。他先後捐資興建北京兆龍飯店、上海交通大學兆龍圖書館、杭州包玉剛游泳池等，又設立包兆龍、包玉剛中國留學生獎學基金，捐款賑濟災民，促進家鄉建設。

當世界航運業處於蕭條之時，包玉剛遠見卓識，力挽狂瀾，避開其他船王無法倖免的滅頂之災，後來一舉購買兩大英資銀行，被稱為「最後的雄獅」。

他的收購行為促使包氏家族龐大的資產從漂流的海上成功轉移到陸地，建立一個「永不沉沒的商業王國」，同時有助於扭轉香港經濟命脈向來為英資所壟斷的形勢。

包玉剛的一生充滿奮鬥與拚搏，具有傳奇色彩，值得人們借鏡學習。

聰穎天資出少年

一九一八年，第一次世界大戰結束，此時的中國依然陷於軍閥混戰，不過江南名城寧波似乎並未受到影響，依舊商旅匆匆、繁忙依舊。

農曆十月十三這天寒風呼嘯，包兆龍步伐急促地從湖北漢口趕回來。他的妻小住在寧波附近一個叫鎮海的小鎮裡的鐘包村，平時的包兆龍與父親待在漢口他們開設的鞋鋪，夫妻倆長時間分隔兩地。在接到妻子寄來表示她就快要生了的信件後，他盡最快的速度趕回來，準備迎接繼長子玉書與長女愛菊後第三個孩子。

包兆龍的妻子叫陳賽琴，出身於名門望族，是一位傳統的大家閨秀。包兆龍在外做生意，陳賽琴就在家裡帶著一子一女，孝敬婆婆。她勤勞善良，和睦鄉親，大小事務都親力親為，在街坊四鄰中很好的聲譽。

夜晚，寧波的鐘包村一片寂靜，屋外很冷，院旁小屋的燭光透著溫暖。

在一座叫後新屋的大宅裡，包兆龍不安地走來走去，每隔一段時間就跑到門口探聽，玉書和愛菊也時刻期待小弟弟或小妹妹的降臨。

終於，包兆龍聽到響亮的嬰兒啼哭聲。他急忙向內屋門口走去，迎面遇上滿面笑容向外走的接生婆，她對包兆龍高聲說：「恭喜呀，夫人生了一個大胖小子。」

包兆龍高興得差點跳起來：「太好了！ 快抱出來讓我看看！」

女傭把孩子抱了出來，包兆龍驚喜地接了過去。剛出生的孩子還皺皺的，他看著仍是欣喜不已，「這個孩子就叫起然吧，『起』是他們這一輩的『排行』，還有『永不停頓』的意思；『然』者『燃』也，表示像火一樣燃燒。」

一屋子人都被包兆龍文縐縐的話逗笑了。

包兆龍接著說：「起然，起然，再給他取一個表字，就叫『玉剛』吧。希望他長大成人後有玉一樣的剛正不阿、潔身自愛的品質。」

之後的幾年，包玉剛又有了弟弟玉星和妹妹美菊、素菊、麗菊，包兆龍希望子女都像白玉一樣無瑕，像菊花一樣高潔。姐妹兄弟七個跟著祖母和母親在家裡生活，其樂融融。

包玉剛家後面的新屋是個很大的宅子，年幼時的他或許在捉迷藏時曾繞到過老屋的後面，在那裡的堂屋上看到作為房門的八架屏風上密密麻麻的字。八架屏風高一百一十五公分，寬四十六公分，全文共六百〇五個字，陽刻，黑色的顏體字跡極為秀美，是鄞縣一個叫洪家滋的人寫的，刻於二十世紀初期。

屏風上那些黑色的文字被稱作《恭錄後新屋記》，上面記載的正是包玉剛的太祖父包奎祉的故事：

清朝光緒年間，鎮海鐘包村有個讀書人叫包奎祉，此人潛心讀書，數次去參加科考都沒有中，後來做起了絲綢生意。因為家裡窮，包奎祉做的是小本生意，一年賺不了多少錢。

有一年，他路過天臺，看到天色已晚，就和挑夫到一家客棧住宿。客棧裡大多是趕路的生意人，第二天沒等天亮，大家就吵吵嚷嚷地起床，包奎祉也和挑夫一大早出了門。

一路無話。走了一天，晚上照例是投宿客棧。疲倦的包奎祉打開包袱，赫然發現自己的舊衣服變成了綾羅綢緞，還夾著五千兩白銀的匯票和兩百兩紋銀。

包奎祉以為挑夫貪心拿了別人的東西，當即責問，挑夫卻委屈地說：「我們走時房間裡就剩這麼一包了，我又怎麼知道不是你的？」

包奎祉覺得挑夫說得也有道理。他再翻一遍包袱，想找到失主地址之類的訊息，卻沒有發現蛛絲馬跡。

　　包奎祉心急如焚，顧不得旅途勞頓和路程遙遠，立即返回原來那間客棧，打聽後才知道失主曾回來尋找，但已不知去向。他等了三天仍不見有人來取，但再等下去生意就做不成了，他只好在客棧的牆上寫下認領地址。

　　一年過去了，讓大家沒想到的是，原先的失主竟然又住到了這家客棧，看到了那則認領的消息。失主很快趕到鎮海，於是包奎祉一分不少地奉還了原物。

　　失主是福建一位大商人，專門做木材生意。他見失物絲毫無損，沒想到會碰上這麼一個好人，便要留下兩百兩白銀作為酬金。

　　包奎祉婉言謝絕，他真誠地對木材商人說：「不是自己的東西不能拿，這是為人之本。」

　　木材商深受感動，邀請包奎祉一起做生意。

　　三年後，包奎祉開始獨立經營木材生意，等有了積蓄後，包奎祉便回家建了一幢五間二弄一堂的新屋和包氏宗祠。

　　年幼的包玉剛還看不太懂字，拉著母親的手要她說給他聽，也才意識到，太祖父給後人留下的不僅是一座房子，也留下清白做人的道理。

　　包兆龍雖然常年在外，但對孩子們的要求從來沒有放鬆過，他知道包家現在是富裕家庭，但是「創業難，守業更難」，要使包家能夠延續好的門風，必須讓孩子們接受良好的教育，便

決定將包玉剛和包玉星送進有名的好學校——葉氏中興小學。它是寧波著名的學校，由清末企業家葉澄衷於一八七一年創辦，對學生要求嚴格、校風良好，多年來培養出一大批優秀人才。

包玉剛在學校裡表現出聰穎的天資，勤奮好學、誠實穩重，無論在家還是在學校都受到家人、鄉親和老師、同學的喜愛。

童年是一個人的性格形成的重要階段，而幼年所受的教育足以影響人的一生，包玉剛幸運地在葉氏中興小學遇到幾位好老師，其中一位便是丁伯榮老師。他主張實施儒家「因材施教」的方法，十分注重啟發學生的自主性，同時著重培養學生的愛好和激發學生的學習興趣。

丁伯榮老師指導學生成立「中興學生自治會」，下設宣傳部、司法部、體育部、康樂部、福利部等，選出願意為大家服務的幹部，讓學生自己管理自己。

丁伯榮老師還指導學生們編輯出版名為《鐘聲》的牆報。

在辦牆報的過程中，包玉剛充分表現出他的文采，文章簡潔明了、生動活潑，很快就成為學生中出類拔萃的撰稿人，並被同學們稱為「秀才」。

另外一位支家英老師，他多才多藝，數理化樣樣精通、音樂繪畫無所不能，還能講一口流利的、發音標準的英語。

在支家英老師的幫助下，包玉剛的英語說得既漂亮又有條

理，而包玉剛本人踏實、穩健的作風更是得益於這位恩師的栽培。

包玉剛跟「學生自治會」第一任司法官王雨功是最好的朋友。王雨功處事公正無私，盡心盡力，在同學中有很高的威信。

有一次，包玉剛發現有個高年級在欺負低年級。他正要上前打抱不平，恰好這時王雨功走出來，看到低年級的同學忍無可忍之下奮起反抗那個高年級，就以為是那個高年級不遵守規矩，武斷地判罰那個低年級靠牆罰站。

低年級的同學委屈地哭了起來。包玉剛上前說明他看到的情況，王雨功這才恍然，細問之下糾正了這起「錯案」。

事發當天，正好包兆龍從漢口回家。包玉剛就把這件事告訴父親。

包兆龍聽了非常高興，對包玉剛說：「孩子，你做得對，為人就是不僅要嚴於律己，潔身自愛，更要仗義執言，主持公道。」

年幼的包玉剛上學讀書十分用心，各門功課的成績在班上名列前茅，他有一個最大的愛好，就是欣賞海景和看船。

寧波市地處東海之濱，位於餘姚江和奉化江匯合之處，簡稱「甬」或是「寧」。東北和鎮海交界，西與西北面和餘姚、慈溪接壤，南和郭縣毗鄰。

　　寧波市是浙江省最大的港口城市，歷來在海上貿易佔有重要的地位。早在兩漢、三國時期，舟師出海多從這裡起航。唐代時，它與日本、朝鮮、柬埔寨、越南、泰國諸多國家有通商往來，是當時中國對外貿易的中心之一。

　　明清之際，寧波海運遠及西洋，商賈往來頻繁，成為全國的重要商埠。鴉片戰爭以後，根據不平等條約的規定，寧波成為「五口通商口岸」之一，外國侵略者在江北設立領事館和洋行，銷售洋貨曾引起一片繁榮景色。

　　寧波市內有一條江廈街，在唐宋年間就是手工業的發源地，到了明清時更成為繁榮的街道，裡面陳列著五顏六色、千奇百怪的商品，可以說應有盡有。商人往來如梭，商販之多好像濃雲遮地，故寧波商人外出經商有思鄉之念，每當月圓思鄉之時，寧波人便會感嘆「走遍天下，不如寧波江廈」。

　　在長期的商事活動中，寧波商人逐步形成一個群體，即「寧波幫」，它與「福建幫」、「潮州幫」齊名。

　　此外，寧波人素來還有漂洋過海經商的傳統。據有關資料記載，在海外的寧波籍人士有三十多萬人，其中不少是商界翹楚，如包玉剛、影視業巨頭邵逸夫、香港南豐紡織有限公司董事長陳廷驊、美國全美中華總商會董事長應行久等。

　　寧波有兩個天然的深水良港，分別是鎮海港與北侖港。在包玉剛的童年時期，這裡是各地客商、附近漁民以及來自中東、

歐洲的航海家避風、休整和補給的理想之所。

　　包玉剛家裡所在的鐘包村離海不近，但自從包玉剛跟父親到鎮海走一趟之後，他就念念不忘無邊的大海和海上的商船，為此，童年的包玉剛沒事的時候就到海邊去，看海，也看海上那些來來往往的船。

　　包玉剛最喜歡的聲音就是輪船駛過時傳出的陣陣汽笛聲，他不時在腦海中幻想著：有朝一日，如果有一艘自己的航船，他就要駕駛它周遊世界，走遍四海八荒。

　　包玉剛把「航海」的種子埋在心裡，他決心要好好學習，為將來實現自己的願望打下良好的基礎。

勇當軍樂隊旗手

　　幾年過去了，包玉剛已經讀到小學高年級，這時的鎮海縣要舉行一次小學生運動會。

　　這在當時是一件大事，通知發到各個小學，全校師生們都興奮異常，大家都希望能在這次運動會上取得好名次，中興小學自然也認真地準備。

　　不過他們校長想到不一樣的妙招：「我們要組一支軍樂隊來參加運動會開幕式，而且軍樂隊隊員要穿著統一的制服，製作一面『中興小學』的旗子，率領全體運動員入場！」

　　經過一番興奮地磋商，兩天之後，二十五人的隊員名單公布出來，可這卻讓原本信心滿滿的包玉剛情緒一落千丈：上面竟然沒有自己！

　　包玉剛站在一棵大樹下，遠遠地注視著公告欄前興高采烈的學生們，心裡非常鬱悶：「我怎麼連個小鼓手也選不上呢？」

正在包玉剛羨慕又傷感的時候，支家英老師突然來到他旁邊。他一直對包玉剛很好，像哥哥又像爸爸，他早就看到包玉剛不言不語地站在樹下，於是走過來拍了拍他的肩頭問怎麼了。

包玉剛說出自己的鬱悶，支家英老師聽了卻是微微一笑，說：「我一開始就很支持你參加軍樂隊，但是我不想讓你當鼓手。」

包玉剛滿臉困惑：「那您是什麼意思？」

支家英老師告訴他：「我要你當旗手！」

包玉剛一下愣住了，他抬起頭凝視著支家英老師。支家英對他肯定地點了點頭。

包玉剛一下興奮起來：「這是真的嗎，支老師，我能夠成為軍樂隊唯一的旗手？」

支家英笑了笑，然後神情嚴肅地說：「你先別高興得太早了，聽我說。校長對樂隊的每個隊員要求都很高，尤其旗手更是精挑細選。校長再三強調，旗手不但要成績好、品行好，外表和身體也要很好。最重要的一點，這個旗手一定是個做事穩重、臨場不驚的人。」

包玉剛聽了，心裡很是忐忑：那他可以嗎？

支家英老師接著說：「我已經向校長推薦你，不過你自己要做好準備，旗手在場上不能出錯。告訴我你能不能做到？」

包玉剛思索了一下，然後堅定地告訴支家英：「我可以的！」

支家英欣慰地拍拍他，又說：「但你先別把這件事說出去，好嗎？自己先私下練習，等學得有模有樣了再走出去，才會有讓人意想不到的效果！」說著，支家英有些「詭祕」地笑了。

包玉剛也笑了。

於是，包玉剛一放學就把自己悶在家裡練習，甚至不想讓家人知道他將要成為旗手。

那段時間，包兆龍剛好回到鐘包村住。中興小學要組軍樂隊的事情早就傳開，包兆龍也產生興趣，可他到家長群中一打聽，竟沒有包玉剛的名字。他心裡有些納悶，想問又怕傷了兒子的自尊心，打算找機會再說，卻發現包玉剛連續幾天回到家就把書包丟旁邊顧著玩一根竹棒，半點沒有念書的意思。

誤以為包玉剛沉迷玩樂的包兆龍氣急敗壞，一把奪過那根棒子訓斥：「以前我看到你回家就捧著書看，鄰居還說你多聰明認真，現在你卻在玩一根打狗棒？我聽說你沒入選軍樂隊，考慮你面子還沒問你，但你現在書都不看了是怎樣？我之前教你『人貴在進取，不可玩物喪志』，你都聽到哪裡去了！」

包玉剛從沒受到父親如此嚴厲的訓斥，當時委屈得眼淚都快出來了，但他卻沒有解釋，只是聽話地回屋裡看書，決定改利用上下課的時間在外面練習，更早出門、更晚回家。

　　包兆龍過了幾天就回漢口忙處理生意，陳賽琴則以為兒子學習更認真，每天都會做一些包玉剛愛吃的飯菜給他。

　　一個多月過去了，運動會如期召開，開幕式場面熱鬧非凡，上千人圍觀。

　　首先進場的是中興小學代表隊。只聽見大鼓「咚咚咚」敲了三下，雄壯的鼓號聲隨之有節奏地響起，在鼓號聲中、在一面繡著「葉氏中興小學」六個大字和一個古銅色鐘形校徽的白紡綢校旗引導下，一隊服飾統一的軍樂隊踏著整齊的步伐走進會場，後面是精神抖擻的運動員。

　　大小鼓手按著旗手的步伐節奏敲鼓，小號手則和著鼓點吹奏出激動人心的進行曲，旗手抬頭挺胸、目不斜視地舉著校旗，保持四十五度角向前行進，引起熱烈掌聲。

　　這次開幕式，中興小學出盡風頭，包玉剛也給大家留下了深刻的印象。

求學心切離家鄉

　　時間一天天、一年年地過去，隨著年齡增長，包玉剛漸漸地不再滿足在寧波讀書學習。雖然中興小學是好學校，他也遇到了好老師，但他的好奇心卻離學校教的四書五經越來越遠。

　　多少個日子，包玉剛總愛坐在寢室的窗前望著遠處的江面和穿梭的商船，想像外面的世界是什麼模樣。

　　父親包兆龍每次從漢口回來，就會跟他說武昌發生的事情：「武昌是最先進行革命的地方，現在幾乎已經成為中國的政治、經濟和文化中心。」

　　他會鼓勵包玉剛：「男兒志在四方，終有一天，你要走出去看看外面的世界。」

　　從那時起，包玉剛就興起去武昌的渴望，又因為感覺學校教的東西與時代相去甚遠，更萌發去武漢讀書的想法。

　　這天晚上，包玉剛思索再三，終於下定決心地走進母親的房間，鼓起勇氣對母親說：「娘，我想到漢口讀書，去和父親在一起。」

　　陳賽琴聽了一愣，不由停下手邊工作。她看著一臉鄭重的包玉剛說：「你知道我們這裡離漢口有多遠嗎？娘要在家裡照顧全家，沒辦法送你去，你父親最近也去北方了，你這麼小，這一路上有多麼危險，你怎麼去得了呢？」

　　包玉剛臉都漲紅了，卻仍堅持著：「娘，武漢的教育要比這裡好得多，我在那裡肯定能學到更多的東西。爹常教育我們『好男兒志在四方』，要走出去開闊眼界。我已經不小了，也應該到外面去看看了。」

　　陳賽琴聽到兒子的話，很是欣慰：「你能這麼想，娘當然很高興。娘也不是要阻止你去漢口讀書，只是你的確還很小啊。你知道外面亂成什麼樣子，現在全國局勢又有多動盪嗎？我聽你爹說，國民黨正在搞什麼寧漢分裂，到處都是兵荒馬亂，我可不放心你一個小孩子出去亂闖。」

　　母親的擔心是有道理的。要去漢口必需要從莊市乘船到鎮海，再由鎮海途經上海，最後由上海乘船到武漢，路途遙遠，加上國民黨清黨使得局勢動盪不安，她自然不可能同意。

　　包玉剛見母親態度堅決，只得打消去武漢的念頭，但他並沒有徹底放棄。

又過了三年，包玉剛長得更高更壯，他覺得是時候說服母親了。事實上，陳賽琴早就寫信把包玉剛的想法告訴包兆龍，包兆龍也一直等著包玉剛有朝一日來漢口幫自己做生意。

陳賽琴覺得，三年前是因為兒子的年紀太小、還無法照顧自己，她才不放心讓他離開，但現在兒子已經長大，確實不能一直把他拴在身邊，應該讓他去見識外面的天地了。

這天，包玉剛再次向母親提出要去漢口的想法，母親便笑著把一封信交到包玉剛手裡。包玉剛打開一看，父親正在信中說明從家裡去漢口應該走哪條路、又該注意什麼，他頓時一陣興奮：「爹也盼著我去吶！」

陳賽琴仍然問包玉剛：「你敢一個人去嗎？」

包玉剛馬上回答：「當然！娘您看，我現在已經比您高出半頭，早就是個大人了，煮飯、洗衣服這些我也會做，能照顧好自己的。」

看到兒子執意要去，陳賽琴卻又不放心起來：「現在世事紛亂，偷盜打劫、誘拐詐騙什麼樣的人都有，你萬一遇到了可怎麼辦啊？」

包玉剛安慰母親說：「娘，我長大了，應該要嘗試做點什麼，而且我這些年在學自治會累積不少做事能力、一直在讀報紙，把社會的事情都瞭解得差不多，您要相信我。」

說到這裡，包玉剛無預警地站了起來，向母親保證說：

「娘，您放心吧，村裡、鎮上的孩子都是在我這個年紀出去的，您的兒子絕不會比他們差！」

陳賽琴看著高大強壯的兒子，心裡也很欣慰。她拉著包玉剛坐到身邊，盯著兒子的臉道：「到了武漢，可就跟寧波完全不一樣了。」

包玉剛微笑著問：「有什麼不一樣的，不都是在中國嗎？」

陳賽琴也笑了，她說：「我說你是孩子你還不服氣，你想一想，寧波說的是江南話，到了漢口，人家可都說的是湖北話，到時你能聽得懂嗎？」

包玉剛靈機一動：「那他們是不是也寫中國字呢？」

陳賽琴說：「那是當然了。」

包玉剛笑了：「這就沒事了，即使說的話互相聽不懂，但我可以用筆來跟他們說話啊。」

陳賽琴見兒子去意已決，在擔心之餘，更多的是欣慰和祝福。

過了幾天，陳賽琴把包玉剛帶到堂屋，指著門楣上的「履安堂」三個字對包玉剛說：「我們家的人要遠行前，必須到『履安堂』拜祭祖先，拜託祖先保佑在外一路平安，這也是告誡包家子孫在人生的道路上要小心謹慎。娘不追求大富大貴，只要你平平安安、順順利利就好。記住，凡事不可過於強求，只要問心無

愧，要時時刻刻牢記包家的祖訓，不可妄自菲薄、不擇手段，更不可作奸犯科，娘相信你一定做得到！」

包玉剛莊重地點了點頭：「娘親的教導兒子一定銘記在心，絕不做愧對祖宗與父母之事！」並依母親的話拜祭了祖先。

包玉剛雙膝跪下，鄭重向祖先立下誓言：「身為包家後人，在今後的日子裡，自己無論走到哪裡，都一定牢記祖訓，克勤克儉、謹言慎行、穩紮穩打、重誠守信。」

陳賽琴把一張船票遞給兒子：「這是我前幾天為你訂好的，先從鎮海到上海，到了那裡再轉乘到漢口的船。」

包玉剛滿懷興奮以及對母親的依戀接過船票。陳賽琴又囑咐包玉剛：「兒啊，到了上海，千萬不要在那個花花世界逗留，一有去漢口的船就馬上起程，到時你爹會在漢口接你。」

包玉剛點頭答應：「娘，我都記下了。」

這天天氣晴朗，空中飄浮著輕盈的白雲。一大清早，陳賽琴就把包玉剛的包袱準備好，裡面放著她親手準備的乾糧、幾套衣服和鞋襪。包玉剛走進母親的房間背起包袱。

陳賽琴說：「孩子，我送你到鎮海。」

包玉剛看著母親難分難捨的樣子，只好答應：「好吧，娘。」

母子二人來到江邊叫了一艘小船趕赴鎮海，到了碼頭正好趕上開往上海的小輪船即將起航。

包玉剛與母親在碼頭上依依惜別。陳賽琴握著兒子的手，眼裡溢滿了難捨的淚水。包玉剛的鼻子也酸酸的，但他努力克制著自己沒讓眼淚流出來。他為母親擦乾淚水，故作輕鬆地說：「娘，您放心吧，您說的話我都牢記在心裡了，我到漢口努力讀書，您就在家等著我幹了大事業回來見您吧。」

陳賽琴點著頭，含淚微笑著說：「好，好，我放心，你也放心走吧。」

包玉剛心中默唸著：「男兒有淚不輕彈，母親含辛茹苦，守住家業，撫育兒女，作為兒女無以回報，唯有不辜負母親的殷殷期望，作出一番成就來，才是對母親最好的告慰。」

汽笛長鳴，輪船駛離了碼頭。包玉剛站在船尾，看著母親的身影慢慢地變小，最後終於看不到了。他的眼淚一下就湧了出來。

漢口繼續求學路

　　到了鎮海，包玉剛順利地找到自己要坐的那艘去往上海的客輪。第一次坐這樣的大輪船，包玉剛按捺不住情緒，興奮地東張西望，而接下來的旅程更讓他振奮不已。

　　包玉剛對一切都充滿好奇，對自己的未來也充滿希望。他在學校裡已經熟讀過四書五經，從父親給他帶回的書籍中瞭解到康有為、孫中山等人的變法和革命活動，從博學多才的支家英老師那裡知道了哥倫布、愛迪生、華盛頓、拿破崙這些世界名人的事跡。瞭解得越多，他越覺得外面的廣闊天地才是他施展志向的地方。

　　來到上海，包玉剛看到了十里洋場的繁華景象，但他沒有停留，記著母親的囑咐，匆匆登上了西行的航船。由吳淞口沿長江溯江而上，沿途所見的景色與從鎮海到上海的大不相同，長江中下游水面寬闊浩瀚，兩岸是一望無際的平原，良田萬頃，稻浪

翻滾。

第一次見到這樣的景象，年輕的包玉剛更加感到豪情滿懷，一路見識著自己以前從未看到過的景象，驚嘆於南京、蕪湖、九江及至武漢三鎮的物產豐富、商業繁榮、百業興旺。他就像隻初次走出森林的小老虎，對周圍的一切感到新鮮和好奇，對即將開始的新生活充滿渴望，同時也深感寧波的渺小。

包玉剛在這種遐想中到達了漢口。船駛進了漢口港，他隨著下船的人流登上漢口碼頭，一抬頭就看到父親包兆龍正站在岸上向他揮手。他興奮地收拾好自己的行李奔向父親。

包兆龍這時才三十多歲，顯得精明強幹。父子倆已經很久沒見面了，他一看到自己的兒子長得這麼高大，頓時非常高興。

包玉剛走到父親身前，心裡又興奮又自豪：「爹，我自己過來了。」

包兆龍心中自然十分欣慰，緊緊地將兒子擁入懷中，說：「好啊，那我們先回鞋店吧。」說著，他接過包玉剛手中的包袱。

包兆龍一邊走，一邊向兒子打聽家裡人的情況與路上的境遇。包玉剛興奮地說：「母親和祖母都很好。我在路上遇到好多從寧波出來找工作的鄉親，他們竟然都認出我，在路上很照顧我，給我送吃的喝的，並且還帶著我去買來漢口的船票。」

包兆龍感慨地說：「這也是我們包家在當地幾代行善積下的功德。要記住，永遠要善待別人，才會有意想不到的回報。」

包玉剛認真地聽著，然後說：「爹，我明白了。」

初到武漢，包玉剛白天在鞋店裡幫父親的忙，店鋪打烊後就到外面去走走看看，對什麼都感覺新鮮。不過他知道，自己來漢口並不是為了遊玩，而是繼續讀書。

有一天晚上，包玉剛對父親說：「爹，我想繼續讀書。」

包兆龍聽了疑惑地問：「哦？你不是為了來幫我做生意的嗎？」

包玉剛說：「是，有幫您的意思，不過我還是更希望能繼續讀書。」

包兆龍深思了半晌，然後對包玉剛說：「你想多學點東西當然是好事，不過現在時局動盪，你是不是應該更務實一些，學著做生意呢？做生意的本事不是天生就有，需要不斷地實際學習、積累經驗，這樣才能看準時機、熟悉行情，避免更多風險。我們家幾代經商，我也是個商人，雖然我不反對你讀書，但還是希望你能幫我把生意繼承下去。」

包玉剛卻說：「爹，您說得也有道理，不過以目前的局勢而言，我認為國民黨腐敗無能，外國勢力才能乘機擴大。在國破家亡的危急時刻，怎麼能沉迷於一人一家的生意之中？況且現在很多新興的行業都需要數學、英語、地理，我多學點也會對生意有幫助。我想進一所中學讀書，放學和假日就幫忙打點生意，這樣就能兼顧兩邊，您看如何？」

　　包兆龍看到兒子句句都有道理，也看出他有他的想法，於是答應包玉剛託人為他在漢口找了一家中學就讀。

　　從此，包玉剛開始了半工半讀的生活。

　　剛到學校的時候，包玉剛還真的遇到母親臨行時說的語言問題。

　　一進校門，他覺得自己彷彿進入了另外一個世界——學校裡師生們說的大都是湖北方言，而包玉剛只會說寧波話。

　　寧波與漢口雖然同處長江流域，但漢口居中游，寧波在下游，兩地語言分屬不同的語系，在發音、用字方面有著天壤之別，也因此，包玉剛聽不懂別人說的話，別人也聽不懂他說的話。儘管之前母親已經提醒過他，他也有了過心理準備，但包玉剛沒有想到差異如此之大。

　　不過他沒有被困難嚇倒。包玉剛用心體會別人說的話、大膽與周圍的人交流，實在說不好就拿筆寫下來，不到半年的時間，他就已經能夠用湖北話與老師和同學們進行交流了。

　　雖然他的話語中還是帶有濃重的家鄉口音，但反而讓同學們覺得別有一番味道，甚至有人還去模仿他軟軟的寧波口音。

　　幾年就這樣過去了，除了上學，包玉剛還利用業餘時間幫助父親打理鞋店的生意，學習並積累經商的經驗。包玉剛在中學裡學到很多新知識，令他眼界大開、收穫頗豐。

初當學徒吃一暫

轉眼之間，包玉剛國中就快要畢業了。

包兆龍看到包玉剛這幾年在學習中的進步，心裡很高興，但他卻也有了另外的打算。在三個兒子中，包兆龍最喜歡包玉剛，同時對他寄予厚望，希望包玉剛能幫助自己擴大生意，不過他也知道包玉剛的志向不僅僅在於一個小小的鞋店，他有更高的理想。

順著這個想法，包兆龍又想到了另一種行業。

這天，包兆龍把包玉剛叫過來，對他說：「玉剛，現在你也快畢業了，有沒有想過把學到的知識拿到外面去實際運用一下？」

包玉剛沒聽明白：「到哪裡去運用？ 運用哪些？」

包兆龍微微一笑：「我有個在城市開燕梳行的朋友，他跟我

說想招一個學徒，我就把你推薦給他了。」

包玉剛問：「燕梳是什麼行業？……哦，莫非就是英文的 ensure ──保險業嗎？」

包兆龍一笑：「正是，就看你願不願意了。如果你想接觸這種新興行業的話，這可是一個好機會。」

包玉剛又感激又興奮地說：「謝謝爹，我很願意去。我也聽人說將來世界上好多行業，比如工商啊，航運啊，都需要燕梳行的參與才能夠順暢，但是……」

看到包玉剛有些猶豫，包兆龍以為他膽怯了，就鼓勵他說：「不管是什麼，年輕人就不要瞻前顧後。你也知道燕梳行和銀行、工業都有密切的關係，你到那裡會學到很多，掌握很多技術，保你一輩子不受苦。」

包玉剛連忙向父親解釋：「爹，我不是怕，我當然很願意去學，只不過我不想因此丟下學業。我不但想讀完國中，我還想讀高中、讀大學，我的目標是武漢大學。」

包玉剛把老師對他的教誨都銘記在心，他深深地認識到：在未來的社會上，知識會越來越重要。

包兆龍驚訝地脫口問道：「你還想讀大學？！」

包玉剛目光炯炯地回答父親：「是的，從小老師就對我們說：『萬般皆下品，唯有讀書高。』多讀書才能有大用處。」

包兆龍還想勸包玉剛：「玉剛，你有遠大的志向我很欣慰，不過你考慮問題現在也要實際一些……」

包玉剛不想在這件事情上讓父親傷心生氣，只能婉轉地跟父親商量：「爹，謝謝您為我考慮，我也同意去燕梳行當學徒，不過我想請您也答應我一個條件。」

包兆龍差點被氣笑了：「什麼條件？」

包玉剛看到父親臉色緩和了一些，說：「我想請您答應，我白天在燕梳行上班，晚上去讀夜校。這樣可以嗎？」

包兆龍不太瞭解夜校，他驚奇地問：「夜校是什麼學校？」

包玉剛對父親解釋說：「夜校跟正常學校學的課程一樣，同樣也可以參加升學考試，只是上課時間是在晚上，但這樣我就能工作學習兩不耽誤。爹，無論社會變成什麼樣子，我都不想中斷學業。您放心，我工作之後就不用您再為我付學費了，而且您說什麼我都答應您，只要您同意我繼續讀書。」

包兆龍見兒子分析得有理有據，態度也很誠懇，不由在心裡暗暗地說：真是長江後浪推前浪啊，玉剛的見識比我要遠遠高得多了。

於是，父子倆相互妥協，達成了一個「君子協定」。

包家兩代人的想法不同源自他們所處的時代、立場和教育都不一樣。包兆龍屬於保守經營，看清楚有利可圖才去做的小商

人，有著很深的寧波商人刻刻為利的印記，可包玉剛受的是新式教育，具有其父親所沒有的遠見卓識，這在後來的日子更加明顯。

但這些分歧並不影響他們父子的感情，相反，父子倆互相協商，共同探討，往往使彼此更加瞭解。經過這件事，父子之間的感情更加親密了。

就這樣，包玉剛進了父親朋友的燕梳行，白天上班、晚上讀書，既能在工作中得到鍛鍊，又能在夜校學到許多先進的概念。這種理論與實踐的結合讓包玉剛感到十分興奮，絲毫不覺得辛苦和勞累，反而精力十足。

日子一天天過去，包玉剛逐漸熟悉了燕梳行裡的各項業務，並憑藉自己的聰明才幹和做事能力站穩腳步。

隨著一個月過去，發薪日也到了。包玉剛為此興奮不已，畢竟這是他有生以來第一次領薪水。領到錢之後，他邊走邊想：該用這些錢給母親和兄弟姐妹們買些什麼呢？

這時，跟包玉剛在一起做學徒的二子在後面喊他：「玉剛，你拿了薪水想去買什麼？」

包玉剛回答說：「我也在想這件事情。我想買點東西給家人，讓他們一起高興一下。」

這個二子本來是個游手好閒的年輕人，只因為他在燕梳行擔任高級職員的叔叔答應過他已故的雙親會幫忙照顧二子、把他

培養成有用的人，這才進了燕梳行當學徒，但他惡習未改，經常光顧賭場，還常輸得分文不剩，為了這個沒少挨叔叔的罵。

包玉剛看二子這副小混混的樣子就不想跟他多來往，只是可憐他父母雙亡才會幫助他，但二子卻因此認為包玉剛這個人「夠朋友」，跟包玉剛非常靠近。

這時，二子看包玉剛還不知道錢怎麼花，眼珠一轉來了主意：「我說你這個人整天都在工作，肯定沒有去漢口大街看過吧？今天我帶你去開開心，見識見識！」

包玉剛好奇地問：「去做什麼？」

二子拍拍胸脯說：「跟我走，到那裡你就知道了。」然後不由分說，拉起包玉剛就往外走。

當天剛好包玉剛不用上夜校，燕梳行正逢發薪日又早早關門，他覺得去開開眼界也無妨，就跟著二子去了。

二子帶著包玉剛左拐右轉，最後在一個角落的門前停了下來。

包玉剛一進門就聽到裡面亂哄哄的，仔細一看，原來是個賭場。

包玉剛從小就聽父母和老師說「十個賭九個輸，傾家蕩產毀前途」，當下就想走，二子卻一把拉住他：「你怎麼能走呢？其實這東西很好玩的，你試試就知道了！」並且把包玉剛拉到一張

賭桌前。

賭桌旁站著幾個男人，賊眉鼠眼的，看見有個眉清目秀、斯斯文文的新面孔少年過來，當即互相交換眼神，彼此心領神會。其中一個迎上前，油腔滑調地說道：「這位先生第一次來吧？新手的運氣通常都會很好喲！」

包玉剛無奈，只好看了看二子說：「我不會玩，就看看別人玩好了。」

賭桌上幾個人哄堂大笑：「你這麼大了還不會玩這個？簡單得很，只需要說『大』或『小』就可以了。我看你不是不會，是怕輸不起吧？說那麼好聽，不過就是個膽小鬼、窩囊廢！」

包玉剛正是血氣方剛的年紀，哪能忍受這種譏諷，與生俱來的好勝心一下子就被點燃，決心要讓他們知道厲害。

剛開始的幾場，包玉剛次次賭次次贏，其中一個男人見狀，就在旁邊裝模作樣地說：「新手運氣果然好，贏的錢比他一個月的薪水還高。我看他乾脆下注大一點，通通贏回家吧。」

包玉剛的慾望戰勝理智，當即加大投注金額，開出來的結果卻出乎意料——他輸了。

包玉剛一下呆住了：「怎麼可能？」

他被那幾個男人耍了也不知道。原來，那幾個人早就串通好要先給包玉剛一些好處，等到他沖昏頭後再贏過來。這本來是

騙子們常用的手法，可包玉剛涉世尚淺，如何懂得這麼多？ 男人們贏他一把哪肯罷休，他們的目的是想讓包玉剛空囊而走。

他們先是假惺惺地安慰包玉剛一番，接著又是一番花言巧語：「偶爾輸一盤很正常，你今天運氣好，肯定能贏回來，要對自己有信心！」

就這樣，賭場裡的無恥之徒連哄帶騙、連激將帶威嚇，逼得包玉剛一次又一次下注，然而他的「好運氣」再也沒來過，直至輸掉身上最後一分錢。

包玉剛兩手空空地走出賭場，彷彿做了一場惡夢。他不相信地翻著自己的口袋，「這怎麼可能呢？ 真的都輸光了！」

他忽然恨起自己來，恨著恨著他明白了：我是上了這些傢伙的當啊！

包玉剛垂頭喪氣地回到家，包兆龍看他那個樣子就覺得奇怪，問他：「怎麼了，你從來沒有這麼喪氣過啊？」

包玉剛不會對父母隱瞞什麼，便把今天發生的事告訴父親。

包兆龍聽得火冒三丈，直接甩了他兩巴掌，臉色煞白地指著兒子：「你，你……」竟然一句話也說不出來。

包玉剛有生以來第一次挨父親的打，也是第一次看到從容鎮定的父親氣成這樣，又驚又愧，當下膝蓋一軟跪在父親面前：「爹，我錯了，您別生氣，我再也不敢了！」

包兆龍好半天才喘過氣來，聲音顫抖地說：「玉剛，你怎麼這麼不知長進啊！我一心想讓你成為一個有用的人，你卻在手裡第一次有錢的時候拿去賭！你太讓我失望了！」

包玉剛一邊哭著一邊請求父親：「爹，我保證以後再也不跟他們來往了，您就原諒我這一次吧！」

包兆龍看著悔恨交加的兒子，知道他是真心悔過，這才把包玉剛拉起來，讓他坐到自己對面。他說：「玉剛，不要怪爹打你，我也是恨鐵不成鋼。你知道，你們兄弟中我對你的期望最高，我不想你有一絲差錯。你現在正年輕，學好難，學壞卻很容易，一旦學壞，想回頭就難了！」

包玉剛對這次教訓刻骨銘心，他發誓終生以此為戒，再不沾賭！

後來，包玉剛不但自己不賭，也勸阻別人不要賭博。

有一個星期天，包玉剛正在父親鞋店裡複習功課，廚師和幾個員工剛好沒事，便圍在一起打撲克賭錢，吵得他沒法好好看書。

包玉剛忍無可忍，剛想發火，轉念卻是想：他們雖然是員工，但畢竟比自己年長，去訓斥他們似乎不近人情，況且他們只是小玩一下，說他們也許會引起反感，但如果不制止他們，他們最終也會由小賭而成大賭的。

想到這裡，他拿著四個蒼蠅拍，每個人分一個。四個人下

意識接過，卻覺得莫名其妙。

包玉剛笑著說：「各位師傅，天氣這麼熱，蒼蠅也多，飛來飛去不覺得很煩嗎？反正你們閒著也是閒著，不如幫忙打一下，晚上我請客，就當謝謝大家了。」

那四個賭興正濃的男人你看看我，我看看你，哭笑不得，只有乖乖地拿著蒼蠅拍走了。

包兆龍知道這件事之後，十分贊成兒子的做法：「你能這樣處理問題，將來一定能闖出一番事業。」

奉雙親命回鄉完婚

　　一九三七年，包玉剛虛歲二十，他在燕梳行已經漸入佳境，聰明與刻苦也受到老闆和同行的肯定。

　　這時，父母為包玉剛下達命令：回鄉完婚！

　　早在包玉剛到燕梳行上班的時候，包兆龍就按照老家的規矩，寄信與妻子商量兒子的婚事。

　　陳賽琴接到包兆龍的信之後，請了村裡一個有名的媒婆為包玉剛物色妻子。沒有多久，媒婆就來向陳賽琴匯報：「夫人，您看鄰鄉四府前黃家的閨女黃秀英如何？ 這位黃小姐長相秀麗、性格溫柔、心地善良，跟二公子真是天生一對，而且他們黃家也是知書達理的人家，跟我們家很相配呢。」

　　陳賽琴當然高興，不過她也知道，兒子的終身大事不能光聽媒婆的一面之詞，就暗中派人到四府前黃家去打聽。得知這位黃小姐確實和媒婆所說的一樣，陳賽琴這才放心下來，托媒婆到

黃家提親，黃家也很痛快地就答應了。

同意這項婚約之後，其他準備工作便隨之而來，雙方換帖核對生辰八字，下彩禮、擇吉日。包家家境甚寬裕，包玉剛又是包家最引以為榮的兒子，彩禮自然豐厚，綾羅綢緞、金銀珠寶、古董玉器，足足幾大箱；最後就是擇定吉日，舉行大婚……

然而，包玉剛並不知道父母的這些「祕密行動」，直到母親把家中一切都安排好，她才寫信到漢口，包玉剛也才知道：自己竟然莫名其妙地有了一位「包黃氏夫人」！

受到五四運動新思潮的影響，部分大城市的封建思想與制度已經廢除，年輕人追求個性解放和自由戀愛，但農村地區「父母之命，媒妁之言」的包辦婚姻仍然根深蒂固地存在，在子女還是十多歲時，父母就會為他或她的婚事操心，並請當地的媒婆為其物色對象。

包玉剛在漢口上學，接觸不少新概念，自然也嚮往積極自由的新生活，但他沒有像他那個年代的同齡人那樣，用離家出走、私奔來反抗父母選擇的婚姻，而是選擇遵從母親的旨意與並不認識的黃小姐結婚。

也許有人會奇怪，包玉剛怎麼接受一段毫無感情的婚姻呢？

的確，包玉剛的很多做法都令人感到詫異，但又非常符合他的性格。在包玉剛的心目中，長幼尊卑的家庭觀念非常濃厚，

他總是相信父母是對的，即使有不同的看法，他也會先認同再討論修改，即使長大也依舊如此。除此之外，包玉剛知道母親對自己的愛護，他相信她選的女孩一定是適合自己的人選，所以才沒有反對。

包家早已經選擇好了良辰吉日，一切都按傳統進行。在收到母親的回信後，包玉剛立即收拾行李回到寧波，沒幾天就成為新郎。

當天，婚禮在包家的祖屋舉行。一頂大紅花轎在鑼鼓聲中被抬到包家門口，掀開轎簾，鳳冠霞帔蓋著紅蓋頭的新娘子走了出來。拜天地、拜高堂、夫妻對拜⋯⋯終於，房間裡只剩下包玉剛和新娘黃秀英。

包玉剛走上前去，掀開了黃秀英頭上的紅蓋頭，他驚喜地發現，自己的夫人竟然如此美麗動人，黃秀英也滿心歡喜，自己的丈夫長得英俊瀟灑，儀表堂堂。

在兩情相悅的氣氛下，剛認識的夫妻二人很快就消除了陌生感，交談之後更是深深地被對方的知書達理吸引，越說越投機。

如果世界上真的有一見鍾情，那包玉剛與黃秀英就是在洞房相見的那一刻起愛上對方，而且在以後的幾十年中相濡以沫、甘苦與共，專一而執著地守護從一剎那建立起的感情。

婚後不久，包玉剛帶著妻子一起去了漢口。

戰亂夫妻相濡以沫

　　二十歲的包玉剛成為人夫，事業也進行得很順利，但世事並不像包玉剛新婚這般風光旖旎。

　　就在這一年的七月七日，日本悍然發動了「盧溝橋事變」，並在七月底攻占了北平、天津之後，向中國發動了全面進攻！

　　同年十二月，日軍攻陷南京，隨後製造了慘絕人寰的「南京大屠殺」，幾十萬中國人死於非命，侵略者所到之處燒殺搶掠，無數的城鎮和鄉村變成殘垣頹壁，許多中國婦女慘遭姦淫……

　　這時的國民黨政府被迫從南京遷往重慶，重慶也被稱為「陪都」。日軍攻陷徐州後，沿長江向武漢前進。包玉剛看到時局危急，連忙把剛剛接到漢口的新婚妻子黃秀英又送回寧波老家，自己與十幾個同事趕往上海，並在中央信託局保險部找到了一份工作。

　　中央信託局成立於一九三五年，是當時中國著名的「四行二

局」之一；「四行」包含中央銀行、中國銀行、交通銀行、中國農民銀行；「二局」則指中央信託局與郵政儲金匯業局。它們的業務包括戰爭危難保險，投保的客戶都把保險當作抵抗日本炸彈的保護傘。

即便工作更上層樓，包玉剛卻無法繼續他的學業了。隨著上海淪陷，大學紛紛南遷到大後方地區，包玉剛的大學夢也跟著破滅。他在失望之餘，選擇將全部精力投注在銀行業上，憑著努力和經驗，很快掌握信託、易貨、儲蓄、保險等各個環節的業務，並贏得客戶和公司的信任。

包玉剛謹慎小心、三思而行的作風給人穩重的形象，自然獲得客戶信任，而他的寧波口音則成為交涉時的一大利器，幾乎使他無往不利。

海與寧波相距不遠，兩種語言卻相差甚遠，尤其在音節方面。對上海人而言，「寧願聽兩個蘇州人吵架，也不願意聽兩個寧波人談情說愛」，所以在與客戶談判時，很多人會因為無法與包玉剛爭辯而不得不讓步，也就使得包玉剛的事業更加順遂，很快就成為被稱為「十三太保」的三十個業務之一。

生活一穩定，包玉剛又把黃秀英從寧波接到了上海。

一九三九年年末，包玉剛得到了一次海上旅行的機會，第一次踏上了香港的土地。

當時，中央信託局的「十三太保」被派往昆明，任職於銀行

保險部。如果從上海乘火車去昆明，本來不用幾天的時間，但戰亂導致陸路被日軍封鎖，包玉剛他們只好由水路從上海乘船經香港，再轉火車趕往昆明。

包玉剛帶著妻子在香港停留了幾天，買了纜車票一起乘坐當時香港最有特色的山頂纜車上到了太平山，站在山頂俯瞰維多利亞港。站在上面，他可以見到大大小小的船隻停靠在風景如畫的海灣裡，遠處海鷗翔集，比小時候在寧波見到還要更大的輪船長鳴著聲聲汽笛……

船，再一次在包玉剛的腦海裡留下了深深的印象。

這次出差，包玉剛每天都有五塊錢的補貼，而香港一杯牛奶只要幾分錢，包玉剛除了每天吃兩頓飯，基本上沒有其他開銷，這樣他又省下一筆費用。

到了昆明，包玉剛更為深入地了解保險業，並以其精明能幹受到上司賞識。出色的工作成績使他很快晉升，從昆明調到湖南衡陽任中央信託局衡陽辦事處保險部主任。

包玉剛帶著妻子趕赴衡陽，在那裡度過一段最拮据的日子。

戰爭使各地物價飛漲，人們的生活一下子變得困難許多，紙幣不再值錢，東西一天能漲價好幾次。包玉剛在衡陽辦事處雖然有一定的薪水，但對飛漲的物價來說並不算高。

有一天，他領到薪水，回家拉起黃秀英就到街上去買米，米舖那邊竟是人山人海，因為有沒有買到米而哭哭笑笑的，場面

混亂不堪。

包玉剛對黃秀英說：「今天恐怕是買不到了，這裡又這麼亂，我們乾脆明天再來買吧？」黃秀英答應了。

他們兩個人回家，簡單吃了一點東西便早早休息了。

第二天一大早，包玉剛和黃秀英就來到米舖，不料其他人來得更早，人潮還是擁擠混亂。兩個人不想湊熱鬧，就又回家了。

一連三天過去，他們米沒買到，錢卻貶值了。原本能買一斗的米只夠買一升，差距使得夫妻倆滿是後悔，卻又無可奈何。

透過這件事，包玉剛和黃秀英學到了教訓，知道無論隊排得多長、人有多擠，只要有錢，就要馬上拿去買米。唯有如此，他們才能保證每天都能吃到米飯。

當然，由於包玉剛有工作在身，根本抽不出空去排隊，這些事就全都落在黃秀英身上。不但是米，家中的柴米油鹽與其他家事都是黃秀英負責的，但她對此不曾有絲毫怨言，安靜地把所有事攬在自己身上，儘量減少包玉剛的負擔，還找了一些漿洗、縫補之類的工作，賺點錢來補貼家用。

包玉剛工作一天回到家裡，黃秀英總是很溫柔地侍候他，不讓他多操一份心，甚至在最困難的時候，寧可自己不吃飯只喝白開水，也要保證讓包玉剛能吃飽飯上班。

　　於是，在這艱苦的日子裡，包玉剛與黃秀英夫婦二人的感
情又更深了一層。

巧遇親戚互相幫助

包玉剛二十四歲的時候，又轉任工礦銀行衡陽分行副經理。剛開始，包玉剛只是為鐵路員工提供福利保險，後來鐵路的全部財務都轉給了他的銀行。

他在這裡認識了廣大華行的老闆、商界鼎鼎大名的盧緒章，他同時兼任中國共產黨的秘密黨員。

有一天，盧緒章從重慶到衡陽談生意，並在結束之後到當地戲院去看戲。中場休息時，他意外發現鄰座人說話帶有濃厚的寧波口音，興致而起，走過去用寧波話和他打招呼。

這人就是包玉剛。同樣因為家鄉話感到親切，包玉剛起身與他握手笑談，不過片刻就感覺投機，兩人轉到戲院的休息室暢談，聊家事，聊國事，從衡陽說到重慶，再從上海說到武漢……

盧緒章問：「玉剛你結婚了沒啊？」

包玉剛笑著回答：「新婚不久。」

盧緒章又問：「那妻子是自己認識的，還是家裡父母定下的？是老家人嗎？」

包玉剛回答道：「人是我父母幫忙選的，就是寧波四府前黃家人。」

盧緒章眉毛一揚，眼中流露驚訝：「這麼說來，我們還是親戚啊？我是盧家，我夫人也是四府前黃家，算起來你妻子還得叫我一聲表哥。」

包玉剛又驚又喜，但又有些懷疑：「真的會這麼巧啊？」

盧緒章拍拍他的肩膀，「那你回家問問你妻子吧。」

兩個人又閒聊了幾句，約好了明天到包玉剛家裡。包玉剛回到家，將今天的事情告訴了黃秀英，她頓感驚奇：「是真的，我娘跟他娘還是親姐妹，那真是我表哥！」

包玉剛問：「那怎麼沒聽妳說過？」

黃秀英解釋說：「因為表哥很早就出去工作，我當年見到他的時候年紀還很小，現在甚至都不記得他的樣子了。」

包玉剛感慨道：「真是世事難料啊。」

黃秀英也說：「是啊，沒想到會在衡陽這麼遠的地方跟表哥重逢。」

　　第二天，盧緒章早早就來到包玉剛家，他還帶了大包小包的東西。包玉剛和黃秀英站在門口迎接。

　　黃秀英的身上穿著舊衣服，屋裡的家具只有簡陋的幾件，看得盧緒章心中一酸。包玉剛說：「當此亂世，誰家都不好過。我們……還算好吧，只是讓秀英跟著我受苦了。」

　　盧緒章沒說什麼，只是臨走前偷偷地在桌上放了一疊鈔票。送走盧緒章，包玉剛和黃秀英回到屋裡就發現那疊錢，包玉剛想追出去，卻被黃秀英攔住了：「不要追了，表哥肯定知道我們過得艱難才有意幫助我們。他不直接給也是怕你自尊心太強不肯接受，但我們是親戚，以後有的是機會報答他。」

　　後來，盧緒章只要到衡陽，就一定會抽時間去包玉剛家中坐坐，他們的感情也越來越好。衡陽銀行的經理聽說包玉剛與廣大華行的大老闆是親戚，一年內竟讓他連升了兩級，而坐在新的工作崗位上，包玉剛調度有方、應對自如，充分顯示經營方面的才能。

　　後來，包玉剛又被調到「陪都」重慶，調升為中國工礦銀行重慶分行的經理。這裡也是廣大華行的總部所在地。

　　廣大華行除了重慶，還在昆明、成都、西安和貴陽等地設立分部。雖然日軍的飛機不時襲擊轟炸，重慶的工商業受到很大影響，但廣大華行卻奇蹟般地活下來，而且生意越做越大，這其中的原因，既與盧緒章受到共產黨的祕密支持有關，也得益於包

玉剛幫助他兌換法幣。

面對亂局巧妙應對

　　一九四五年，日本天皇宣布無條件投降，同時，二十七歲的包玉剛做了父親——他的第一個女兒來到了人間。包玉剛在狂喜之餘，為女兒取名「陪慶」。

　　黃秀英聽了一笑，問道：「為什麼要給女兒取這樣的名字？」

　　包玉剛笑著解釋：「『陪』是指女兒降生在『陪都』重慶；而『慶』嘛，則是指日本投降，普天同慶。」

　　抗戰勝利、成為父親，包玉剛覺得真是雙喜臨門。這幾天，重慶各界為了慶祝抗戰勝利，舉行持續多日、聲勢浩大的勝利大遊行，包玉剛也興奮地加入了其中。

　　幾天後，上面通知包玉剛，要他立即去上海銀行工作。這時黃秀英還在坐月子，無法跟包玉剛同行，他只好拜託盧緒章幫忙照顧一下妻女，自己獨自趕赴上海。

　　當時的上海被稱為「冒險家的樂園」，三教九流的人都會聚在這裡，既有中央政府軍，也有地痞幫會；既有各武術派別，也有流氓無賴。這些人就在這裡各施其法、爭奪利益。上海市市長是保定軍官學校出身的錢大鈞，國民黨希望能借助錢大鈞的威名鎮住上海這個龍蛇混雜的地方。

　　錢大鈞早就很賞識包玉剛的能力，當他接管上海，馬上就想到由包玉剛來幫他重整上海的金融秩序。

　　包玉剛一到上海，就被接到了錢大鈞的辦公室，兩人寒暄過後，錢大鈞才話轉正題。他嚴肅地對包玉剛說：「治安表面上是上海最重要的問題，但我認為金融更難解決，也更重要。現在國庫日益空虛，政府只知道猛印鈔票，讓人們拿黃金、白銀去換公債，還美其名曰『金圓券』，這更造成物價飛漲，才是真正的洪水猛獸啊！」

　　包玉剛看著憂心忡忡的錢大鈞，同情地點頭。

　　錢大鈞接著說：「你到上海來就任上海銀行營業部部門，過一陣子就能升到副總經理，主管放貸部門。這是銀行資金的關鍵，你一定要好好做。」

　　包玉剛當即表示：「我一定竭盡所能！」

　　但上海的局勢並非包玉剛一人就能輕易挽回。這裡通貨膨脹更加嚴重，當地甚至流傳「上午的錢到了下午就只值一半」的戲言，還有人說：「你到飯店去吃飯，一進去要先付錢，不然等

飯端上來，價格就翻了一倍了。」

國民政府無奈之下，只好向公務員支付日薪。

包玉剛除了一般的銀行業務外，還負責收稅和向公務員發薪的工作，這項政策一出，他每天早早就得趕到銀行，看著職員們將鈔票裝上押款車，送往各個政府機關、學校、醫院。

這天，到了該發薪的時間，銀行卻由於現金周轉不靈，還沒有湊齊當日的鈔票，很快就有一隊荷槍實彈的警察包圍了銀行，並在外面喧譁起來。

包玉剛正想出去看看怎麼回事，穿著警察制服的警官突然闖進他的辦公室，拔槍對著包玉剛威脅道：「馬上把薪水交給我。」

包玉剛看了一眼正對著自己的槍口，鎮定地問：「請問你憑什麼來提款呢？有提款書或者市長的批文嗎？」

警官指著那支手槍：「不憑什麼，老子什麼也沒有，是我們局長讓我來的。」

包玉剛不想跟他發生正面衝突，用委婉的口氣說：「是這樣的，我們做事都得有法源根據，既然您是奉局長之命來的，局長應該已經徵得上層同意了？那等我確認一下，如果這是真的，我馬上就會付款，好嗎？」

包玉剛拿起了電話，撥通了錢大鈞的辦公室，在電話裡把

情況說了一遍。

錢大鈞要包玉剛叫那個蠻橫的警官接電話。

那個警官接過電話，一聽是市長，態度馬上就變了。錢大鈞在電話裡把他狠狠地教訓了一頓：「是誰給你的權力，竟然帶著武器到銀行鬧！現在馬上帶著你的人滾出去，以後不許再胡鬧，否則我讓你們局長槍斃你！」

警官放下電話，帶著他的手下灰溜溜地離開了。

包玉剛穩定下來之後，拜託朋友用軍艦順路把妻子和女兒從重慶接到上海。

面對急遽貶值的貨幣，有人竟然想出了一個「妙計」：他們先找藉口向銀行借錢買賣黃金和美鈔，等鈔票貶值後再用一部分黃金換回鈔票還款，就能從中牟利。

包玉剛對這種發國難財的行為非常氣憤，決定要對每筆貸款嚴格審查，無論對方有什麼後台，只要有問題就不會放貸。包玉剛甚至在某段時間裡拒絕兌換流通的紙幣，導致他得罪不少人，而且都是一些有權有勢的官僚權貴。

其中有位在上海灘特別有勢力的人，他與蔣介石的關係匪淺，被稱為上海的「無冕市長」，經常坐著裝著防彈玻璃的小車、帶著大批保鏢在街上橫衝直撞，人們避之唯恐不及。

這天傍晚，包玉剛的祕書慌慌張張地跑進他的辦公室說：

「包經理，那位『無冕市長』派了兩名手下來『拜訪』您。」

包玉剛想了一下，請秘書讓他們進來。大搖大擺走進來的兩個人開門見山地要求：「包行長，我們老闆想請您幫忙周轉一筆錢，麻煩您明天到家中商量一下。」

兩個人只顧說，似乎猜準了包玉剛不敢不答應，包玉剛也確實爽快承諾：「回去告訴你們老闆，我明天一定去府上拜訪。」

晚上，包玉剛回家對黃秀英說：「我明天要去看看醫生。」

黃秀英嚇了一跳：「怎麼回事？」

包玉剛指著右腹說：「一年前的闌尾炎又復發了。」

黃秀英說：「那就別拖著了，我現在就叫醫生過來。」說完，她不顧包玉剛阻攔，立刻打電話請來了醫生。

醫生仔細地為包玉剛做了檢查，安慰他說：「闌尾炎並沒有復發，可能是您白天吃了什麼東西，一時不舒服吧？」

包玉剛連忙說：「怎麼沒事，我的闌尾剛剛明明還痛得要命！還是拜託你明天幫我做手術切掉吧，我實在不想讓它再次復發來折磨我。」

醫生完全無法理解怎麼會有人沒事還硬要做手術，但在包玉剛的苦苦請求下，他還是答應下來。

由此可見，包玉剛寧願犧牲掉自己沒有發病的闌尾，也不願意違背良心去做自己不想做的事。

下定決心離開上海

　　一九四八年，包玉剛正值而立之年，他又有了二女兒陪容，父親包兆龍和弟弟包玉星也來到上海。父親在上海國豐造紙廠任經理，弟弟大學畢業後任職於上海四明銀行，後又轉到新利進出口公司。

　　早在一九四六年，國民黨政府為了平息上海的經濟恐慌，以經濟學博士吳國楨取代錢大鈞任上海市市長，但曾經留學美國的吳國楨也無法挽救病入膏肓的上海金融，包玉剛因此感到深深的失望。此時的包玉剛雖然已經進入銀行的管理層，有了一定的地位，也受到當政要員的重用，事業上可以說是一帆風順，但他還是擔心一家人該如何在這樣的亂世中找到安居樂業的地方。

　　在那段時間，包玉剛整日都處在徬徨和焦慮之中，但他把中國的所有城市過濾了一遍，卻發現這裡竟然找不到一個理想的安身之所。

　　然後他忽然想起了燈火輝煌的太平山、繁忙的維多利亞港灣以及往來不息的商船。對，就是香港！當年他在去昆明赴任時曾經途經那裡，「我就到香港去，在那裡闖出一番新天地！」

　　下定決心後，包玉剛便開始著手籌備去香港發展的事宜了。

　　一九四九年新年假期，包玉剛因為公務再次赴香港，趁機在那裡逗留幾天。他發現，香港雖然不大，但它身為英國的殖民地，沒有受到戰亂影響，自由港的身分更是商人的理想天堂。

　　由於中國各地都處在戰亂之中，當時有許多難民紛紛湧入香港，包玉剛並非第一個這麼打算的人，只是不想以這種方式在這裡停留。左思右想，包玉剛決定等回到上海後就辭職，直接在香港從頭來過。

　　回到上海後，包玉剛把自己的想法與家人商量。這時的包玉剛儼然成為家裡的重心，大家都尊重他的決定，只是包兆龍還有些擔心：「我們到了香港能做什麼？」

　　包玉剛自信地說：「只要我們有能力，就不怕找不到事情做。中國現在的金融狀況就像是罹患絕症的病人，就算華佗再世也回天乏術，陷入困境也是遲早的事，不如早點打算。」

　　當包玉剛向吳國楨提出辭呈的時候，吳國楨很是吃驚，因為包玉剛是他在上海市市長任內提拔的最有能力的年輕人才之一，他認為包玉剛應該與他繼續努力下去。

　　雖然吳國楨一再挽留，但包玉剛去意已決，他也只好答

應，並要求包玉剛要留到一九四九年二月底，把一切事務都交接清楚了再離開上海。包玉剛感謝吳國楨這幾年的提攜，自然允諾。

包兆龍賣掉國豐造紙廠，將家裡能賣的東西都換成現金或銀兩，然後帶著大約數十萬元與家族的妻眷、小孩先去香港，負責先把「家」安置下來。

一九四九年三月初，包玉剛在銀行的幫助下買到三個人的機票，帶著妻子黃秀英和剛出生不久的小女兒陪麗離開上海，飛赴香港。

攜家赴港舉步維艱

一九四九年春天，包玉剛與妻子、小女兒陪麗，乘中華航空公司的班機飛抵香港啟德機場。剛下飛機，迎接他們一家的是香港的一場春雨，早春寒意和瀰漫天地的潮濕把一家人的心情弄得沉甸甸的。

包玉剛是為了避開國內的戰亂而來，並沒有身家億萬的資產。雖然已經是第三次踏上這塊英國殖民地，但這次的目的不同，所有的一切對他而言都是陌生和艱難的。

早在日本侵華的時候，香港也曾經淪陷在侵略者手中三年多。日本投降之後，這塊土地恢復了往日活躍的貿易往來，對外貿易也仍然是香港的經濟命脈。

在包玉剛眼中，當時的香港還比不上上海的繁榮，街道也比上海擁擠和髒亂。在上海，自己雖然算不上什麼大銀行家、大企業家，但也是堂堂上海市銀行的副總經理，在政商兩界也算得

上是有頭有臉的人物，生活上雖然不是什麼豪門大戶、錦衣玉食，但也算是小康。如今來到香港，人地生疏、前途渺茫，未免有些狼狽，再想想為他放棄了上海的產業和安逸生活的父母高堂、兄弟姐妹以及多年來隨他顛沛奔波，相濡以沫的妻子，還有尚在襁褓中的女兒，包玉剛不免感到十分愧疚。

從上海市銀行副總經理一下成為重新尋找就業機會的人，包玉剛有種加入了難民的感覺。

陣雨綿綿，春寒料峭，一路疲倦的黃秀英懷裡抱著剛出生不久的小女兒陪麗。包玉剛把身體虛弱的黃秀英輕輕地攬在懷裡，心情沉重地看著眼前的世界，默默地想：「今後的生活方向還是一個未知數，這裡真的會有屬於自己的一席之地嗎？」

包玉剛面帶歉意地對妻子說：「秀英，這十幾年來，妳跟著我到處奔波，我卻沒能給妳一個安穩的家，現在妳本來應該好好地在溫暖的家裡休養，卻又要跟著我逃難，讓妳受苦了。」

黃秀英緊緊地依偎著包玉剛，安慰說：「夫妻本當患難與共，玉剛，你不要太著急，一切都會有辦法的。」

包玉剛伸手從黃秀英懷中接過陪麗，慈愛地看著女兒。襁褓中的嬰兒還不知世路的艱辛，一雙黑黑的大眼睛仍然純粹，包玉剛看著不由心中生起一絲暖意，低頭親了一下小陪麗的額頭。小陪麗忽然「咯咯」地笑起來。

包玉剛和黃秀英對視一眼，兩個人都被女兒這純真的笑聲

感染，心裡充滿希望。

　　啟德機場到處都是從中國來香港「闖世界」的人，其中也有一些搜刮資本的官僚、帶著金銀財寶的商人、身懷技藝的江湖名家，但個個都是行色匆匆，面帶惶恐。

　　包玉剛一家夾在這些人中間走向機場門口。機場的英屬印度士兵指揮人們排成長隊，依序領取由英國機構發出的移民護照。

　　包玉剛夾在人龍裡，焦急地一步步往前挪。在漫長的等待中完成簡單而順利的手續、接過士兵手上寫滿英文的護照，他難掩激動地向正焦急等待的妻子揮舞手臂：「秀英，拿到了，我們有護照了！」

　　離開機場，包兆龍等著接他們，父子一見面，並未多說，一起回到港島上環附近西摩道的「家」裡，那是一棟有三間房的公寓，周圍都是香港名門望族的大廈。

　　進門之後，包兆龍與包玉剛談起了香港現在的形勢：「從今年年初，香港人口數一下增加了一百五十萬，大部分都是逃難的人，他們通常都聚集在深水、石硤尾、鯉魚門、西灣河、筲箕灣這幾個地方。多虧我們早來了幾個月，才在這裡租到了房子。」

　　包玉剛認真地聽著，然後問父親：「爹，這裡的租金多少錢？」

　　包兆龍說：「這三間大概一共有一百多平方公尺吧，月租是

四百五十港幣，不過還交了兩萬港幣的『頂讓費』。」

包玉剛一時沒聽懂，問道：「頂讓費是什麼？怎麼要兩萬港幣這麼多？」

包兆龍解釋說：「因為現在房子很難找，雖然政府一再強調要按規定收租金，但是嚴重的供需失衡還是讓房屋租賃出現檯面下交易。表面上，業主和租戶仍是按照政府規定的租金標準，但他們在背地裡會收取租戶的『頂讓費』，價高者得。這種交易都是你情我願的事，政府也沒辦法。」

說到這裡，包兆龍長嘆了一口氣：「唉，能找到像樣的房子已經不容易了，好多人是幾家擠在一起，或者找塊地方搭起簡陋的臨時房屋，那很容易被狂風和暴雨摧垮，或者引起火災。」

包玉剛面色嚴峻地聽著，然後說：「好吧，我們之後能省則省，先努力活下去再說。我明天就開始去找工作。」

包兆龍說：「這一大家老少以後都靠你，你如果單純打一份工的話，低微的收入怎麼能養活這些人呢。」

包玉剛安慰父親說：「是啊，爹。不過不用擔心，再怎麼說我們一家也都是做生意出身，又帶來一些積蓄，我還是找些買賣來做，這樣總比打工強些。」

包兆龍點頭表示同意。

到香港之後，包玉剛擔負起一家老少的衣食住行，大事小

事無一不讓他操心。他買了一輛二手車，除了生活上方便一些，對工作也會有幫助。

　　為了節約開銷，包家在日常生活上一切從簡。為了能多穿幾年，黃秀英做給孩子的衣服都會大一號，把裙子稍微折一下，等孩子長高了再把放下來；鞋子也會大一點，裡面多墊鞋墊，長大了再把鞋墊拿出來。陪慶穿不下的衣服就給陪容，陪容也不能穿再給陪麗。

　　讓包玉剛欣慰的是，孩子們都非常懂事，她們穿衣服都非常愛惜。

小本經營開始起步

　　包玉剛本來就是個閒不住的人，再加上生活的壓力，他一在香港安頓下來，就馬上考慮應該做些什麼。

　　如果出去打工，低微的收入必然養不了一家大小，而自己一家怎麼說都是做生意出身，又帶著積蓄過來，包玉剛左思右想，還是覺得應該重拾老本行要好。本是這樣打算，但包玉剛很快發現，香港的銀行業基本上被匯豐銀行、渣打銀行和大通銀行壟斷，剩下的則被廣東人控制。他最後終於找到一個帶著濃重寧波口音的銀行職員，但能提供給他的業務也極其有限。

　　而且包玉剛還發現，香港的居民都不在銀行裡存鈔票，而是儲蓄金銀珠寶、玉石首飾等最原始的東西。

　　幸運的是，包玉剛聯絡到幾位從上海和寧波來到香港的朋友，其中有兩位還是包玉剛曾經在銀行裡同事。大家聚在一起商議出路，討論後決定自力更生、白手起家。

包兆龍認為房地產可能是盈利的行業，但是包玉剛沒有把握：「香港太小了，缺乏動力，而且生活不穩，我又不會講廣東話，還不認識什麼人，前景不好。我建議我們不要做長期投資，先試試看進出口貿易，錢來得也比較快。」

大家一致表示同意，於是合夥成立一家四人聯合公司，經營中國土產，如乾貨、豆餅、鴨毛、肥料及動物飼料等。

他們首先遇到的難題是找辦公地點。香港的辦公室極其缺乏，他們費盡千辛萬苦才在皇后大道和畢打街附近租到一間辦公室的一部份，每個月要兩百多港幣。

這間辦公室位於有五十多年歷史的華人街，原本租借的公司因為付不起昂貴的租金，轉租了一部分給包玉剛，小得可憐。四個人在裡面擠得幾乎無法轉身，有人想開抽屜，就必須等另一個人到外面才能辦到。在這個「寄人籬下」的地方，他們甚至連掛招牌的地方都沒有。

包玉剛鼓勵大家：「萬事開頭難，我們只要不放棄，就一定會闖出一條路！」

在包玉剛的鼓勵下，公司慢慢地站穩腳步，加上中共在中國取得政權，新中國的戰後重建需要大量食品、機器、化學品和原材料，生意因此進展得非常順利。

韓戰爆發後，美國政府宣布對中國禁運，香港當局也照此執行，但包玉剛把業務擴大到化工產品、輪胎及從歐洲用以貨易

貨的方式換來的馬口鐵，有些貨物會經過精心安排，透過第三方國家運到澳門再送往中國。

當中國國內政局出現變化時，部分貿易中止，包玉剛他們的公司則改做食糖生意，在臺灣買糖，用船運到香港，交由另一家公司運進中國。

包玉剛負責公司的全面事務，包括發給員工和股東每個月的薪酬和紅利。他一視同仁、公正寬容，這種氣氛下，公司上下從來不計較個人得失，沒有發生過因為分配不均而引起的糾紛。

剛開始的時候，包玉剛第一個存款銀行是恆生銀行，經理是美國人弗蘭克・荷華。來到香港後，包玉剛發覺和廣東的銀行打交道甚至遠比在漢口讀書時還要困難，無論他用英語還是寧波話，那些廣東人都聽不懂他講些什麼，他才決定直接跟外國人打交道，用英語還方便點。

但在韓戰爆發後，恆生銀行關閉香港分行、撤出香港，包玉剛只好另尋銀行。

據說恆生銀行的經理荷華跟包玉剛的關係非常好。恆生在香港關閉前，包玉剛還和荷華見過面。據包玉剛回憶，荷華是一個經驗豐富、頗有建樹的銀行家，那次撤退，他失去幾個大客戶和一些新客戶，包家的公司便是其中之一。後來，包家只好把生意帳目移至匯豐銀行。

一九五二年，包玉剛幸運地認識了當時匯豐銀行進口部負

責人約翰・桑達士。

這天，包玉剛走進位於皇后大道一號的匯豐銀行總部大廈，鎮定自若地要求拜訪資深的英國職員。

在一九五〇年代初，匯豐銀行仍存在「外國人可以從正門進入銀行，中國人則只能從後門進去」的規定，顯然英資財團當時很瞧不起中國人，而且中國人必須透過洋行跟匯豐銀行接洽，才有辦法跟銀行借錢。包玉剛當時到底是從哪個門進入銀行已經無法考究，但能知道包玉剛不滿匯豐只間接與中國商人做生意的做法。包玉剛直闖匯豐找桑達士談生意，既顯示他的傲骨和勇氣，也表明他對匯豐瞧不起中國人這種行為的不悅。

當時的包玉剛只是一個普通的小商人，他直闖匯豐，受到桑達士等英國人的冷遇是必然的。據說當時的桑達士見到包玉剛走進來，轉頭把兩隻腳放在桌上，不屑一顧。那神態極盡嘲諷，包玉剛只能默默承受，但心裡肯定不愉快。

無論如何，兩人最後還是聊起來了。

蓋伊・塞耶和約翰・桑達士指派專業人士對包玉剛的新聯貿易公司帳目和運作情況進行詳細地審核。他們發現，這雖然是一間小本經營的公司，運作上難免有些瑕疵，但公司在第一年仍然有一百多萬港幣的利潤，於是決定接下「四人公司」的業務。

「四人公司」生意興隆，辦公室搬到了離匯豐銀行總部不遠的恆昌大廈，面積比原來大四倍，而且與匯豐銀行總部相連，業

務上方便多了。

　　此後，約翰・桑達士、蓋伊・塞耶與包玉剛建立了牢固的依存關係，也結下深厚的友誼。當桑達士一九五四年擔任主任會計師、主管香港地區對外貸款後，他對包玉剛的事業發展更具有關鍵作用。

　　包玉剛的「四人公司」的帳戶一直透過匯豐銀行往來，這時，「四人公司」的算盤已經換成計算機，銅製招牌也掛了起來，包玉剛成為公司的總經理。

　　當新中國第一次發行公債時，包玉剛率先認購了十萬港幣，表現出自己的愛國熱情。

為了夢想投資航運

　　一九五五年，包玉剛的「四人公司」進入穩定成長後，他決定在香港發展其他事業，從短期轉為長期生意。而隨著「四人公司」業務的擴大、包氏家族的成員不斷加入，包兆龍曾與包玉剛商量：「要不我們把公司發展到中國？」

　　此時的美國對中國實行物資禁運，香港和中國的貿易受到嚴重的影響，香港的進出口貿易額一落千丈。據有關統計資料，從一九五一年至一九五五年，中國在香港的出口排名從第一降至第五，一九五四年香港的轉口貿易額比一九五一年減少了百分之七十六。

　　「城門失火，殃及池魚。」貿易形勢的惡化使包玉剛他們辛苦建立起來的新聯貿易公司也陷入絕境。

　　包玉剛再次面臨抉擇！

　　但如果要投資，實際應該從事什麼方面？ 投資方向即是選

擇職業、規劃生涯，除了要考慮自己的興趣愛好和自身潛能外，還要分析投資的環境，這不是一個簡單的問題。

那時候，包玉剛喜歡在空閒時間到維多利亞港去看海。看著海面上來往穿梭的船隻，他覺得就彷彿回到家鄉寧波，總是會想起小時候跟父親去鎮海港，第一次見到大海、第一次見到大船的情景。那時候的他就有一個天真的夢想：當一個船長多好，可以駕駛著自己的船去環遊世界。

當一個船長！這個念頭從包玉剛心頭一閃而過，他禁不住一陣激動。

香港有天然的深水泊位和充足的碼頭，優越的地理位置和自由貿易的優惠條件吸引世界各地的船隻，自從一九一一年以後，維多利亞港這片平靜的水面為國際貿易提供可靠的大門。根據包玉剛查到的消息，第二次世界大戰後，隨著世界經濟復甦，各地之間的貿易往來逐漸增加，香港成為世界上最繁忙的港口之一，總共七十平方英里的港口，每年的吞吐量可達三千萬噸。

包玉剛前思後想，對自己說：「航運是最便宜的運輸方式，必將大有作為。」他召集全家人，將他想從事航運業的決定告訴大家，沒想到卻引發軒然大波。

包兆龍首先態度堅決地反對。他直接說：「玉剛，你也不想一想你對航運業瞭解多少？買一艘船動輒千萬港幣，現在把我們全家賣了才有多少錢？你今年已經三十六歲，還是別去冒那

些無謂的風險，老老實實按我前幾年說的，我們一起做房地產生意吧？」

包兆龍接著分析說：「你也看到了，香港住房本來就很有限，淪陷時已經讓日本人炸掉一部份，現在又有外來人大量移入，住房更困難。有那麼多家庭只能全家擠在同一張床，但未開發的土地和閒置用地的數量又那麼多，地產生意的前景真的很誘人。」

包玉剛一向尊重父親的意見，他沒有馬上反駁，只是說：「爹，我不否認房地產生意利潤會很可觀，但發展得再好也是死的、帶不走的。跟房子不一樣，船是可以移動的財產，在太平盛世可以運貨賺錢，遇到時勢動盪也能乘船遠走。」

「寧波人多半都有出海的經驗，而且我從小對船運就很有興趣，我覺得船運業提供了更多的挑戰，可以擴展我們的進出口能力，中國的海岸線也有很多的貿易機會。我認為投資航運比投資陸地更安全、更靈活，世界航運將會有一個更大的發展。爹，依我看來，航運可以說是一個進可攻退可守的兩全之策呢。」

包玉剛一番有理有據、合情合理的分析，把包兆龍說服了。他不再堅持反對意見，卻仍然不放心地囑咐：「這等於是重新創業，起步的困難你也要考慮好啊！」

包玉剛見父親同意了，非常高興，他說：「爹，您放心，我絕不是一時興起就決定的。」

包玉剛把自己的意見告訴了朋友們，朋友們也以為他瘋了。

朋友們紛紛勸包玉剛：「雖然航運能賺到大錢，但你也不要為了賺錢冒這麼大的風險。海上風浪不穩、危險極大，有多少人做了幾十年，到頭來卻落得傾家蕩產、家破人亡的下場。再說，香港航運業已經有幾十家，他們的資本、經驗與跟銀行的關係都比你強，你能贏過他們嗎？」

包玉剛卻說：「我知道香港的航運業已經有好幾家實力龐大的公司，他們有很多優勢，但是我看準的這個目標也並非盲目。」

不過，也不是所有朋友都不贊同包玉剛從事航運，像包玉剛少年時的朋友鄭煒顯就非常理解和支持他。

鄭煒顯聽了包玉剛打算投身航運事業的想法後，立即意識到這是具有策略眼光的一步，他鼓勵包玉剛說：「高明的企業家與賭徒的區別在於前者勤於學習、善於思考，能審時度勢，隨時捕捉稍縱即逝的機遇。玉剛，你有遠大的目標，也有偉大的企業家需要的特質。我支持你！」

包玉剛興奮地聽著他的支持者的分析：「你說說你的看法？」

鄭煒顯接著說：「你雖然沒有從事過航運業，但你也有很多別人沒有的條件。一來，你曾經在多家銀行做過很長一段時間，並且擔任過最高管理層的職務，具有調配資金方面的豐富經驗；

二來，這幾年你從事出口貿易，世界各地的行情你都很熟悉，商場中的風風雨雨你也經歷過，對你轉行都很有幫助。我認為一個人創業並非要跟著別人的軌跡，只要面對現實、充分發揮自己的優勢，這樣總會達到成功的彼岸。」

鄭煒顯一番推心置腹的話，使包玉剛感到由衷的鼓舞，更加堅定發展航運事業的決心。

傾產舉債舊船起家

　　包玉剛終於下定決心要投資航運，但下決心不易，付諸行動就更難。任何創業者在最開始都是艱苦的，「寧波幫」人士當然也不例外。

　　包玉剛從事航運要買船，他卻拿不出一大筆現金；向銀行貸款又得有擔保人，但沒有一、兩個大老闆做後盾，哪家銀行願意把錢借給一個默默無聞之輩？

　　包玉剛認為，現在首要去做的事情便是找門路、找關係。為此，他不僅在香港來回奔波，還遠赴英國和美國去拜訪一些有過生意往來的朋友，例如匯豐銀行的代理主席道格拉斯，與會德豐集團和遠東船務集團的首腦佐治‧馬登。

　　一九五五年深秋，在道格拉斯的安排下，包玉剛來到英國倫敦，決定去找佐治‧馬登商量，企盼他助一臂之力，借一筆資金。

　　倫敦秋高氣爽，往日的「霧城」竟然一掃陰霾，只是秋風比濃霧中的倫敦更加蕭瑟。

　　包玉剛在倫敦拜訪了馬登。馬登身材高大，比包玉剛高出半頭，體格健壯，神情高傲而專橫。他在自己豪華的辦公室接待了包玉剛。包玉剛首先向馬登致以老朋友的問候，寒暄完畢，他詳細地講述了自己想從事航運的想法。

　　馬登在辦公桌的另一邊盯著包玉剛，彷彿看著一個初出茅廬的孩子在敘述他的天真幻想。

　　包玉剛講完，用期待的眼神看著馬登。

　　馬登吸了一口雪茄，用教訓的口氣警告包玉剛：「年輕人，航運業是一個危險的行業，弄不好，你會輸掉你最後一件襯衫。」

　　包玉剛點點頭說：「您說得很有道理，馬登先生。航運這行的風險的確很大，但我認為做生意並不是賭博，請您相信我，沒有把握的事我是不會做的。」

　　馬登把包玉剛上下打量了一番，似乎奇怪於這個東方的年輕人會如此鎮靜、如此胸有成竹地與他展開對話。他反問包玉剛：「航運業需要相當大的投入，你手裡有多少資金？」

　　包玉剛臉一下漲紅了，但對方那輕蔑、譏諷的眼光激怒了他，他抬起頭直視馬登說：「資金我有一些，但……不多。」

　　馬登突然仰天大笑起來，他用譏諷的口吻說：「包先生，恐怕不是你所說的『不多』，而是少得可憐，依我看，連一艘舊船都買不起吧！」

　　包玉剛的臉更紅了，的確，他的積蓄加起來也買不起一艘舊船，所以他才要四處奔走，但誰想到馬登彷彿對他的家底瞭如指掌，而且會遭到他如此侮辱性的嘲笑。

　　一股怒氣湧上包玉剛的腦門，但他很快便克制住了自己。稍稍冷靜了下，包玉剛用平靜的語氣說：「馬登先生，雖然今天我還買不起舊船，但並不等於我將來永遠買不起新船。」

　　馬登一愣，沒想到包玉剛會說出這麼有志氣的話。他思考了一下，說：「既然你對航運這麼有興趣、有信心，那我來成全你吧。我有一艘『格萊斯頓勛爵號』，是第二次世界大戰時造的，價值四十萬英鎊，如果你要買，我可以給你提供百分之六十甚至七十的貸款。」

　　馬登一邊說，一邊拉開抽屜，取出和船有關的資料交給包玉剛。

　　包玉剛接過那疊列印出來的文字仔細閱讀，卻發現裡面提供的訊息與他瞭解到的並不相符，上面只列舉了這艘船的幾條優點，包含船身選用優質鋼板、採用先進銲接技術製造，與採用鉚釘的船相比更結實且輕便，而且它使用能更加節能、使船速更快的渦輪機，船艙還很寬敞，容量大於英國製造的同類其他船隻。

包玉剛一看規格便說：「馬登先生，我認為那艘船不好。」

馬登驚奇地問：「理由何在？」

在見馬登前一個星期，包玉剛就開始瞭解造船業的行情。他曾聽好幾個倫敦的船務經理提及這艘「格萊斯頓勛爵號」，說該船已經破舊不堪，別說載貨，就算是空船出去也可能開不回來。

包玉剛說：「我來到倫敦已有一個多星期，每個代理人都把那艘船的規格表給我看過，足見那艘船的船東很難把它脫手，而且與市面上兜售的其他船隻比起來要價太高。」

馬登很不高興，說道：「我剛才說了，你如果有意買這艘船，我可以貸款給你。」他又塞了幾張紙到包玉剛手裡。

包玉剛再看看馬登遞給他的合約，發現上面的條款繁雜而苛刻，憑著包玉剛在銀行業這麼多年的經驗，這分明是馬登欺負自己沒有航運的經驗，想從中賺一筆。

包玉剛一下就看穿了馬登的如意算盤，他忍住心中的怒火，彬彬有禮地對馬登說：「馬登先生，照這個建議看來，如果我買你這艘船，並非你借錢給我，倒像是我借錢給你了。」

馬登知道自己又一次錯看包玉剛了，這個年輕的東方人不但是一個精明的生意人，而且還有著一種不卑不亢的堅韌。他只好乾笑兩聲來掩飾自己的尷尬。

　　包玉剛的倫敦之行雖然沒有借到錢，但不曾失去他的志氣與自信。包玉剛兩手空空從倫敦回到香港，思考過後，他決定自己籌錢買船，並向父親如實以告。

　　自從決定投入航運之後，包玉剛一直東奔西走、四處碰壁，人也日漸消瘦憔悴，父親包兆龍看在眼裡、疼在心裡。雖然對航運仍有顧慮，但兒子的堅韌和執著深深地感動了他，包兆龍決定傾其所有來支持兒子，但儘管這些年跑商賺了些錢，再加上來香港之前變賣家產得來幾十萬元錢，可距離購買一艘船的目標還是差得太遠。

　　包兆龍於是提議可以採用集資的方式，說動親戚、朋友幫忙，經過多次遊說，終於籌集了二十萬英鎊的現金。

　　倫敦依然為潮濕濃重的霧氣籠罩著，街上的景物灰濛濛，似乎缺乏了一種朝氣。包玉剛走在這條街上，天空多雲，太陽時而露出、時而被一層薄雲所遮。

　　包玉剛提著皮箱匆匆向威廉森公司走，箱子裡裝著他全家的希望。雖然他不會被周圍的環境和氣候影響情緒，但這次來倫敦的任務太重要了，要用二十萬英鎊孤注一擲，他不免神情嚴肅。

　　威廉森公司並不算一個很大的公司，因為要發展其他業務，他們決定變賣輪船。公司的負責人奇怪地看著從香港來的中國人，告訴他公司只跟船舶經紀公司打交道，所有的船都交由船

船經紀公司處理。包玉剛並不氣餒，他誠懇地對負責人說：「我希望能買到貴公司的那艘船，我很需要它。我想投入航運，但資金有限，我想得到一個較為合理的價錢。」

大概因為包玉剛的誠心打動了威廉森，威廉森公司最終同意把船賣給包玉剛，價錢就是二十萬英鎊。

包玉剛把手提箱往桌上一放，說：「這是二十萬英鎊，不過我有一個要求，想麻煩貴公司把船徹底檢修一次再交貨。」

這是一艘在格拉斯哥建造的燃煤舊貨輪，運力為八千兩百噸，已經有二十八年的船齡，名字叫「英愛納」。包玉剛要求威廉森公司把船檢修好，又請人把船油漆一新，然後把它開回香港。

這天清晨，香港碼頭上站滿了包家成員，包玉剛的小女兒陪慧更是跳著腳喊著：「爺爺，爸爸的船怎麼還不到？」

終於，「英愛納號」駛近了碼頭，岸上眾人一起發出歡呼聲。

包兆龍對走出船艙的包玉剛高興地說：「這艘船很漂亮啊，一點都不像快三十年的老船嘛！」

包玉剛帶著全家人上船參觀。他對父親說：「爹，我已經有四個女兒了，這艘船就像我的親生兒子一樣！」

包兆龍看著躊躇滿志的包玉剛，心裡又欣慰又自豪。

四個女兒這裡走走，那裡看看，快樂得跟小鳥一樣。這

時，小女兒陪慧撲到包玉剛身前，拉著父親的手問：「爸爸，我們這艘大船叫什麼名字？」

包玉剛高興地抱起陪慧：「它呀，叫⋯⋯」

話到嘴邊，包玉剛突然停住了。他不想再叫它「英愛納號」，他想給它取一個中國名字。包玉剛打量著自己的船，早晨的陽光灑遍船身，給它鍍上了一層明亮的金色。

包玉剛靈機一動，對陪慧說：「它叫『金安號』。」

包兆龍不由拍掌稱讚：「好，『金』代表財富不斷，『安』字寓意船行時人貨平安。就叫『金安號』！」

薄利長租初獲成功

包玉剛投身航運事業的時候，世界上已有不少船王級人物，如美國船王路德威克、有「金色希臘人」之稱的歐納西斯（Aristotle Onassis）和尼阿喬斯（Stavros Niarchos）等，還有荷蘭與英國合資的皇家殼牌集團、日本郵船公司、大阪商船三井船舶公司等，都是世界航運業的巨頭。

就算是香港也有幾家頗具規模的航運公司，其中董浩雲就有「香港船王」之稱。

董浩雲也是浙江寧波人，早在一九二〇年代就從事航運業。一九二八年，董浩雲任職於天津航運公司，一九三〇年代中期，董浩雲曾經有創辦中國航運信託公司的想法。他計畫要將

全國各大小民營輪船公司合併，與外資航運公司相抗衡。

一九四一年三月，董浩雲在香港註冊成立「中國航運信託公司」，將全國各大大小小的船舶統一調配。為尋求庇護，當時董浩雲的船隻均掛著巴拿馬和英國的旗幟，經營東南亞一帶的航線，但不久後就被日軍接管了。

一九四六年八月，董浩雲在中國成立「中國航運公司」。第二年，中國航運公司的「天龍號」貨輪首航歐洲，「通平號」貨輪首航美國舊金山，創下了中國航船進軍遠洋航運的先例。

一九四七年八月，董浩雲又創辦「復興航業公司」，此時他已擁有相當噸位的船隊，而世界上最大的油輪──五十六萬多噸的「海上巨人號」就是董浩雲從日本金山輪船公司定製的，它下水時在日本和香港引起不小的轟動，董浩雲一時成為世界各大報刊的新聞人物。

董浩雲開始逐步淘汰陳舊的船隻，營建和購買新船，陸續添置了「如雲號」、「陵山號」、「也雲號」、「東方皇后號」等貨輪，以及「東主華麗號」、「東方友華號」等豪華客貨輪，在航運業一時名聲大振。

前面有成功的典範，相比之下，包玉剛只有一艘舊船，不免顯得有些黯然失色，甚至寒酸。航運市場就如同變化無常的海洋，時而風平浪靜，時而狂風怒濤，想在這樣一個特殊的領域裡占據一席之地，把穩船舵，是極端困難的。

這不得不讓人們產生這樣的疑問：包玉剛僅憑這麼一艘舊船就想從事航運業，難道不是異想天開嗎？ 更有人打賭：「如果他靠這艘破船能成功，那我就在香港碼頭上爬給他看。」

一九五五年，包玉剛買到自己的第一艘船，就想要去拜訪、求教於鼎鼎大名的董浩雲。除了他是自己的偶像之外，還因為兩個人都是寧波人。

那是一個陰雨綿綿的下午，董浩雲收到一張帖子，說明有個名叫包玉剛的人求見。董浩雲當時感到很疑惑，畢竟他根本就不認識包玉剛。

太太顧麗真在一旁提醒說：「你忘了？ 他已經打過好幾次電話，我還告訴過你，聽說他是你的寧波同鄉呢！」

董浩雲拍拍腦門，想起來了。但他深知「無事不求人，求人必有事。」的道理，雖然不知道這人過來是為了什麼，董浩雲仍準備在辦公室裡會見他。

次日，包玉剛一進門，就用寧波話跟董浩雲打招呼：「董先生真是個大忙人啊。為了見你一面，我簡直費了九牛二虎之力。」

董浩雲笑道：「不要這樣說，實在是有太多事情，騰不出時間。」

鄉音對鄉音，兩人很快熟絡起來。

包玉剛坐下後，神態恭敬地說：「董先生在航運界可是大名鼎鼎，當年在上海就曾經過先生的名字，只是一直沒有機會和董先生認識。」

董浩雲淡然一笑道：「那都是過去的事了。」

包玉剛道：「那可未必，我到現在還是很佩服董先生，也因為你深受啟發。來到香港好幾年了，我還是覺得航運業前景最好，我也不怕董先生笑，我就想效法您投身航運業。」

包玉剛年齡只比董浩雲小七歲，像這樣一口一個先生，恭維的董浩雲滿心歡喜，便端出航運界前輩的架子問他：「你也想投入航運？你對航運業瞭解多少？」

包玉剛的臉唰地紅了，囁嚅道：「其實在來港之前我對航運業是一無所知。」

董浩雲見包玉剛臉紅得像個孩子，發覺自己的話太直了，不禁有些不好意思。為表示歉意，他故而改用打趣的語調說：「一個門外漢竟敢冒險獨闖航運界，你的膽子還真大！你真的很看好這一行嗎？」

包玉剛笑了笑，整個人輕鬆起來，依然以謙遜的語調說：「實不相瞞，我對船舶只有粗淺的認識。從小時候起，我就一直希望能當一名船長周遊列國，我覺得那樣一定很好玩。」

包玉剛接著說：「來香港以後，我做過貿易生意，也賺了一些錢，就想投資做點大事。航運是最廉價的運輸方式，而我認為

香港的航運業有很多優勢，就把自己的全部心血投入進去。前幾天我從倫敦買了一艘船回來，取名叫『金安號』。董先生是前輩，又是行家，我想請教一些心得。」

說到用二十萬英鎊從英國人手中買來的「金安號」，包玉剛顯出十分高興的樣子。

董浩雲看出了包玉剛熱心於航運業，頓時改變自己的說法。本來他想告誡一下包玉剛：「航運業是一個投資大、回報慢而又充滿風險的行業，如果沒有雄厚的資金作為後盾，想取得大成就是很不容易的。像我這樣做了幾十年人的尚且未能大展拳腳，你憑著這麼一艘舊船，怎麼可能在航運界立足呢？」

但他明白，包玉剛已經把船買回來了，再說這種話沒有太大的意義，同時又覺得，對方既然滿懷希望專程來求教，還是應該讓他瞭解一些航運業的實情，否則眼睜睜看著自己的同鄉在業界亂闖，他難免會有點過意不去。於是，董浩雲用委婉的語氣說：「航運的確是成本最低的運輸方式，但它的總投入不低，比起其他運輸業來需要更多的啟動資金和周轉金，還更受政治因素、經濟環境與地區局勢的影響，面臨各種風險，所以，你要有足夠的心理準備才行……」

包玉剛用心地聽著董浩雲的每一句話，不時微微點頭。

董浩雲講了大約半個小時，最後，他摘下眼鏡，身體往椅背上一靠，感慨萬千地說：「其實我跟你一樣，從小就有一個關

於海洋的夢想，直至進了這一行才發現現實是現實、理想是理想，雖然現在的你恐怕不會相信。」

當著這位剛剛認識的同鄉，董浩雲講了很多肺腑之言。他能從這位即將要成為同行的同鄉身上感覺到自己曾經擁有、但隨著歲月磨煉而逐漸消失了的幹勁，彷彿也因此找回過去的自己。

兩人越談越投機，彼此之間傾吐心語，不知不覺已經到了中午。包玉剛起身告辭，董浩雲卻笑著邀他一起用餐，彼此在一番推心置腹的交談後成為了朋友。

包玉剛牢牢記住了董浩雲「小心謹慎、審時度勢」的教誨，他仔細思考著董浩雲的話，再結合自己的計劃，定下一條原則：「用笨的方法取得用戶的信任，在經營管理上超過同行。座右銘是：寧可少賺錢，也要儘量少冒險。」

包玉剛的「笨辦法」就是「船必須能夠賺錢」。他對追求這個目標有耐心。買下第一艘船以後，包玉剛馬上把它租給了日本山下汽船公司，租期只有幾個月。

一九五六年，隨著以色列軍隊入侵埃及，第二次中東戰爭爆發。埃及政府宣布將蘇伊士運河收歸國有，並派遣軍隊占領了運河兩端、非其友好國家的船隻，尤其是與以色列有貿易往來的船隻不得透過。

蘇伊士運河是連通歐、亞、非三大洲的主要國際海運航道，每年承擔著全世界百分之十四的海運貿易，在國際航運中具

有重要的策略和經濟意義。它的關閉無疑在世界航運投下一顆重磅炸彈，引起巨大的轟動。

就在此時，包玉剛與日本山下汽船公司的租約正好到期。日本由於不是埃及的友好國家，山下汽船公司不得不付出比原來高幾倍的租金續約，包玉剛便拿著這筆錢繼續購買舊船。

當時香港和國際上普遍實行按船隻行程計算租金，即短期的辦法。這種方法在世界經濟繁榮的時期可以獲得較高的利潤，然而在動盪不定、戰火瀰漫的時刻，幾乎不可能用一艘只有八百二十噸的船去賺錢，何況在蘇伊士運河事件之後，許多船主坐地起價、提高短期租金，不但收費額度高，還能夠隨時提高運費。希臘船王歐納西斯、美國船王路德威克，以及老一代的香港船王董浩雲都是這麼做，但包玉剛卻反其道而行之，

包玉剛冷靜地分析了國際上變化多端的情況，毅然採用低租金長合約的穩定經營方針。他避免冒險單程包租，卻以近四分之三的船隻承接利潤較低但較為安全的定期包租。

放著短期高價不租，卻用長期的租約把自己捆死，而且租金標準還低了很多，任憑誰也想不出他到底搭錯了哪根筋？

許多行家對包玉剛這種笨辦法嗤之以鼻，更有人笑包玉剛是傻瓜，有人當眾說包玉剛是一個外行，不能算真正的船家，只能算是一個「專門做航運生意的銀行家」。即使被這樣嘲笑，包玉剛仍舊認為長期租約存在好處，一來收入穩定、降低風險，二

來可以取得銀行的信用保證。

事實證明，包玉剛的看法是正確的。

包玉剛的方針為包氏打開了經營的門路，用戶紛紛上門向他租船。形勢喜人，卻也逼著他進一步發展船隊，包玉剛果斷地決定利用銀行的作用，再次借債買船。

在短短一年多時間裡，包玉剛已擁有七艘貨船，並把公司改名為「環球航運集團有限公司」。這期間，包玉剛的主要經營夥伴是日本的貨運公司和造船集團有限公司。

身體力行誠信為本

　　包玉剛決定投入航運後，立即埋頭於鑽研船務。他買了大量關於航運、船舶方面的書籍，每天攻讀到深夜；經常去拜訪董浩雲等航運業的前輩，虛心向他們請教；還會利用各種機會參觀別人的船廠，向懂行的每一個人學習。

　　包玉剛說：「我非常欣賞香港人說的『力不到不為財』，而中國的說法就是一分耕耘一分收穫。有的人一遇見困難，便說『哦哦，對不起，我做不來』而放棄，但我不是。我一旦認為那件事情對我有用，我就會去做。」

　　包玉剛初涉航運業的時候，被行家們諷刺為「是一個連左舷和右舷都分不清的傢伙」。

　　但到了一九六一年，當包玉剛購買他的第一艘萬噸級貨輪時，他已經對造船學和機械工程瞭如指掌了。那時他再參加同行的聚會和公司的會議，許多專家都為他對航運業的熟悉和對船舶

技術的精通而震驚。

　　幾年奮鬥之後，包玉剛的「環球航運集團有限公司」已經擁有了四十艘二手船。

　　作為環球集團主席的包玉剛決定每天為其在世界各地航行的船隊召開技術會議。透過電報，各地船隻能及時向總部回報遇到的問題，公司可以在第一時間獲知如意外造成時間延誤、水手發生不幸事故、機器出現故障、碼頭泊位不足以及其他天災人禍等情況。如果航船出現問題，公司可以準確知道船的方位，及時派人飛往離船最近的港口處理。

　　在技術會議上，包玉剛與公司人員一起分析遇到的各種各樣的問題，及時採取補救措施，也為日後購買新船積累了寶貴經驗。

　　每次購來新船，包玉剛都會請來工程師，他會和大家一起進船艙、上甲板、爬舷梯，仔細檢查船的構造和機器的運轉情況，並且經常跟隨新買的船試航。

　　大多數商業領袖都會指派受過徹底訓練，對業務極熟練，而且完全可靠的人員去管理工廠或主持公司。包玉剛對於船隻安全和船員訓練都極為重視。集團散佈在全世界各地的公司和所有船隻上，都經常舉行安全事務會議，討論、估計並糾正船隻航行中所注意到能引起大小意外事件的種種人事及設備缺點，由經驗豐富的油輪船長專門負責船隻的安全部門，凡是有關安全的資料

和行動都由他統籌處理。

　　當時，應徵海員的機構叫「薦船館」，但船員的聘用權掌握在船公司人事經理手中，於是就會發生人事經理與薦船館內外勾結、利用手上的職權來豐富自己口袋的問題。他們會規定，不論新、舊職員，若想受聘就必須把前三個月的薪水納為薦用費，才能簽到一張一年甚至是半年的合約。

　　這些船員在岸上受薦船館的嚴重剝削，船上工作又低微，因此士氣極低，平時不是借酒消愁就是賭博度日。包玉剛意識到這樣的老弱殘兵難以擔當起他發展航運事業的大任。

　　一九六五年，包玉剛成立了環球航海訓練學校，用以自行培養人才、訓練「新軍」。

　　這所學校是免費提供訓練的，但學成之後要簽一份三年期的服務合約，約滿後可自由去留。

　　包玉剛親自負責訓練、培養航海人員對於安全問題的重視，尤其是香港環球航海訓練學校的學生，盡力使船員瞭解船隻與貨物可能遭遇的危險，試圖讓他們為自己的能力與工作感到驕傲。

　　包玉剛與所有僱員經常保持接觸，關心他們的福利、安全及前途。他認為，這即使不是所有主管人最主要的一個成功條件，至少也是船東極重要的成功條件。

　　包玉剛在學校的課程設置方面頗費心思。他儘量避免枯燥

無用的理論，更加重視實際操作，時常分析船隊遇到的問題，以確定要為船員開設些什麼課程。

有一次，一艘船的冷藏庫在新加坡出了問題要送去修理，但這時距離交貨期已經沒剩多久，若延誤行期將損失慘重。

包玉剛決定用最簡單的辦法處理：帶上足夠的冰以完成航行，交貨後再修理冷藏庫。

又有一次，一艘新的運礦船進行首次航行時遇到颱風，造成擱淺並損壞嚴重。包玉剛事後卻發現，這場颱風是有預告的，這艘船完全有可能事先駛入避風港。

包玉剛找來這艘船的船長詢問，發現他在航行前對船上的設備及當時的氣候環境一無所知，於是，這個人被解僱。

包玉剛認為，一艘船的費用固然昂貴，船上所裝的貨物價值也是以百萬美元計算的，沒有經驗就會出現危險，因此，超級油輪上的新船長都必須經過專家的嚴格訓練。

一九六五年至一九八二二年間，環球航海訓練學校共為環球公司培訓了一千七百名行政人員、水手和工程師。這些人才對香港航運業的繁榮以及香港成為世界第一貨櫃港有一定功勞。

不少人認為，如果不是很早就創辦培訓學校，培養出大批有學識、有技能、有士氣和有歸屬感的「子弟兵」，很難想像環球船運集團有限公司的船員能在一九八三年的波斯灣戰爭期間，駕駛三、四十萬噸的海上長城式的巨型油輪，在硝煙瀰漫中完成

如此艱巨的任務。

有一年冬天，一艘新船航行到日本長崎的途中，主機發生嚴重故障。輪船向長崎的造船廠發出求救信號，以便一駛入長崎港口即可進行緊急修理。

包玉剛接到消息，就馬上從香港飛往日本視察。他不顧惡劣的天氣，冒著寒風登上快艇前往海上，一連幾天都在飄搖不定的輪船上跟著大家一起修理故障，幾乎都要累癱了。

修理完畢後，包玉剛隨船出港，親眼看見一切沒有問題，他才離開該船改搭領港船返回長崎。夜晚海面風浪洶湧，正值嚴冬寒冷無比，而領港船是艘竹篷小船，艙內炭盆直冒黑煙，包玉剛唯恐出事不敢入艙。

從那以後，包玉剛決心好好鍛鍊身體，於是又多了一個運動習慣——冬泳。

數星期後，那艘船向公司呈報購買一套新碗碟的帳單。包玉剛查詢原因時，船長解釋說原來的碗碟太破舊，船東在船上不便使用，竟把全部碗碟都換成新的。

包玉剛於是吩咐要對船上損耗品定期核查，及時更換。必要支出一定費用，但要有責任制，不能無原則地投入。

包玉剛還特別重視控制成本和費用開支，堅持不讓他的船東浪費公司的一分錢。他總是說：「不要跟那些毫無計劃花費的人一起休息。」為此，水手們總是形容包玉剛是一個「十分討厭

浪費的人」。

包玉剛認為，商業機構如欲成功，必須控制成本，而船東控制開支的能力更直接關係到他的競爭能力，因此，節省船隻開支費用極為重要。

他會得出這樣的結論，其原因有兩個。

第一、個別船東不能左右世界航運市場，必須設法控制開支以確保預算的收入，長期租賃船隻更應注意控制航行開支。

第二、船隻在航行中可能需要極多額外的開支，因為它航行全世界，隨時隨地可能發生意外，需要修理、保養、補充用品。

按照定期租船合約，租戶有權向船東要求賠償因船隻不能履行租約中所載明船航速度及用油限額規定而導致的損失，這會影響船東預期所得的收入，而且如果賠償要求事件發生太多，船東在市場上的信譽會受影響，從而減少他將來擴展業務的機會。

包玉剛給手下的高級職員的辦事指示，都用手寫的紙條來傳達，那些紙條也都是紙質粗劣的薄紙，而且以字的多少撕成一張張小條，一張信紙大小的白紙也可以傳達包玉剛三、四個「最高指示」。

包玉剛一天工作最少十二個小時，此外，他還抽出一些時間看書學習、鍛鍊身體。

包玉剛有句名言：「在國際社會裡，生活方式、行動和從前不一樣，但是在商業道德上還是老傳統好，信譽和信用絕對是關鍵。」

由此可見，包玉剛對信譽的重視及信譽對企業經營的重要。好的信譽，就是財富。

包玉剛曾說：「我的信譽有著良好的記錄。」他把信譽比喻成「簽訂在心上的合約」。他說：「簽訂合約是一種必不可少的手續，但紙上的合約可以撕毀，心理的卻不能。人與人之間的友誼建立在互相信任的基礎上。」

包玉剛始終恪守信用，從不開空頭支票，良好的經營信譽奠定他事業成功的基礎，也因而對背信棄義、不守信用的人嫉惡如仇，即使跪在他面前哀求懺悔，他也絕不寬容、絕不同情。

在他剛開始經營航運的那幾年，手中的船並不多。有一次，他看在一位朋友分上，把其中一艘船租給一個港商，是六個月的短期合約。

在與這個港商簽約前，包玉剛就聽說他是個投機商人，名聲不太好，只是礙於朋友面子才勉強同意短期租借。

然而，租約到期之日，正值蘇伊士運河關閉、運費飛漲之時。那名港商見有利可圖，以種種理由千方百計地要留住船隻，到期也不退回，甚至想繼續租用包氏的低租貨船，除了主動把租金提高了一倍，還用現金預付三分之一費用。

但包玉剛對此人的行徑極為不滿，堅決拒絕續租請求。他說：「你把租金提高十倍也不會租給你了。」卻把船以相對低一點的租金與日本一家信譽好的公司簽了長約。

在金錢與信譽的天平上，包玉剛選擇後者。

事實證明，包玉剛的選擇是正確的。隨著以埃戰爭結束、關閉的蘇伊士運河重新開放，運費一夕之間暴跌，那個冒險投機家宣告破產，而租船的船東也蒙受很大損失，有的甚至跟著破產。因為包玉剛與日本租戶簽訂的是長期合約，從而避過一場災難。

包玉剛事後表示：「你老老實實做生意、講實話，規規矩矩地做事，別人對你就有信心。」

策略營銷吸引油商

一九五〇年代，包玉剛經營的都是散裝貨輪，噸位小加上租金低，賺錢不多，發展也不快。幾年過去了，他仍是航運界默默無聞的小輩。

一九六七年以後，由於歐美工業蓬勃發展，各國競相爭取能源，中東石油運輸需求大增。

包玉剛敏銳地發覺，這是一個發展航運的大好時機，於是決定開始購買油輪，面向世界。由於資金有限，包玉剛一開始只買了四艘小油輪。

包玉剛這時碰到一個棘手的問題——歐美的石油公司和其他租戶對華人船東的船隻不屑一顧。他們認為中國人的船隻年代久、管理差、技術狀態不好，而包玉剛出道時間短，外國人對他的名字十分陌生，對他的船隊一無所知。這些公司老闆只相信希臘船王歐納西斯和尼阿喬斯。

　　包玉剛對此非常焦急。為了解決這個問題，他遍訪各家歐美石油公司，承諾如果不能確實且準時地把油運到卸貨港口，自願接受加倍罰款以賠償損失，但這些老闆還是向他搖頭。

　　有一次，包玉剛找到殼牌公司。生意雖然沒有談成，但殼牌公司也沒有把路堵死，而是告訴他：等他的船有辦法了再來洽談。

　　其中一位業務人員則建議他找美國的 ESSO 石油公司商談。

　　這天，包玉剛去面見 ESSO 石油公司負責人。ESSO 石油公司租船部經理戴維紐頓一見到包玉剛的東方面孔，就傲慢地問：「你是誰？」

　　包玉剛不卑不亢地回答：「我是從香港來的，計畫向您的石油公司提供四艘小油輪，是一萬五千噸和一萬六千噸的小油船，請問是否需要？」

　　戴維紐頓反問他：「但我看不到很低的租價？」

　　包玉剛彷彿看到了一線曙光，他立即回答：「這我可以提供。」

　　經過商談之後，雙方成功達成協議，可戴維紐頓不忘告訴他：「包先生，我可以給你一次機會，用你們的船嘗試一次。」他又重複了一遍：「就試一次。」

　　包玉剛微笑不語，心裡想：「有一次，就會有第二次、第三

次。」但他知道多說無益，因為和歐美人打交道，必須用行動來取得信任。當他們不瞭解你的時候，他們會非常小心，可一旦你的成績讓他們滿意了，他們馬上就會與你成為合作夥伴。

包玉剛親自上陣，率領四艘小型油輪漂洋過海往返運貨。小型油輪運載量小，自然比不上大油輪，但它船速快，進港、靠岸比大油輪靈活，而對於能源急需的國家來說，石油早一天運到，早一天投入使用，就能賺更多的錢。

包玉剛十分清楚其中優勢，同時也知道，這次為美國 ESSO 石油公司運油成功與否，不僅關係他的船隊能否在海上航行，也關係到在港中國船隊能否在國際航運界立足，因而格外重視。

包玉剛以寧波人的精明嚴密計算、統籌安排，精確無誤地確認小型油輪運送的日期，夜以繼日地直接組織、調度人員，親自監督船隊裝油起航。

一番心血終於沒有白費，四艘油輪按照合約，甚至提前幾個小時完成這次運油工作，而且無論是運輸速度、裝卸質量還是安全保障，都讓美國 ESSO 石油公司十分滿意。

戴維紐頓非常高興，用力拍了拍包玉剛的肩膀，「包，我們的合作非常愉快，今後我們可以經常合作。」

戴維紐頓是個講交情的人。為了感謝包玉剛及時把石油運到，他特地在紐約舉行酒會答謝，高度讚揚中國船東恪守信用和卓越的管理技能。

　　這次為美國 ESSO 石油公司成功運油，為包氏環球公司在世界油輪業務方面打開一條出路，躋身國際航運界，船隊迅速地從七艘發展至二十幾艘，並且為香港的華人船東贏得世界的關注。

巧借外力發展船隊

包玉剛的航運事業正一步一步小心翼翼地向前發展，而隨著公司業務越來越多，包玉剛也意識到，現在是時候擴展船隊規模了！

包玉剛當時的財產當然不止一百萬美元，但大部分屬於固定資產，而且以低廉租金租出去。如果真的要拿這麼龐大的流動資金購買大船，既困難又划不來，包玉剛便想到向銀行借貸來發展自己的船隊。

在商品經濟社會，銀行的重要職能之一就是放貸，不少公司就是靠銀行才能發展起來，不過向銀行借貸必須要有信譽好的有錢人擔保，而在這個方面，銀行更多的是看重錢，而不是人。

包玉剛苦苦地思索著：「如果我能夠找到一樣東西證明有償還這筆債務的能力，那它就可以作為我的擔保。」

他腦海中靈光一閃：「對，我可以找日本銀行，幫我開一張

信用卡作為擔保！」

自包玉剛把他手裡的一艘船租給日本的山下汽船公司之後，他便和日本人結下了不解之緣，而在第二次世界大戰之後，日本為了盡快恢復國力，其銀行提供給外商的貸款利息要比提供給本國人的低得多，向世界各地的企業家大開方便之門。

包玉剛接下來又考慮：「但是，要找哪家銀行借錢呢？」

包玉剛權衡了匯豐、渣打、有利三家銀行，決定找匯豐銀行辦理相關業務，而這除了因為他與信貸部主管桑達士算得上有點交情，也是因為他的船隊中有艘船是抵押給該銀行的。

一九六一年，包玉剛與桑達士約好在香港會所藍廳見面。

見面寒暄過後，包玉剛指著牆上一幅畫問桑達士：「桑達士先生，你們英國在世界上號稱『日不落帝國』，殖民地遍佈全球，你知道主要靠的是什麼嗎？」

桑達士順著包玉剛的手指望去，那幅畫描繪的是早年英國商船停泊在維多利亞港的情景。

桑達士不知道包玉剛這樣問他的目的是什麼，他想了一下，反問：「我想是因為有堅固的船隻和威力無窮的大砲，你說呢？」

包玉剛點了點頭，然後說：「我也認為最重要的是堅固的船隻，不過時代變化很快，日本並沒有因為第二次世界大戰的失敗

而一蹶不振，他們現在造出來的船已經不亞於歐洲的了。」

桑達士有些不服氣地爭辯：「但日本的造船技術畢竟是跟歐洲人學的，要說經驗和技術，他們只能算小學生。」

包玉剛看著桑達士著急的樣子，微微一笑，接著說：「桑達士先生，您不要著急，聽我慢慢分析。目前日本船的設備、性能的確已經達到歐洲的水準，售價卻比歐洲的便宜三分之一，還有完善的售後服務。造船商承諾負責保養期間的一切費用，他們賣出去的船無論在哪裡拋錨或故障，都會立即派出工程師乘飛機前去維修，而且是等船造好了送到買主手上之後再收錢。日本人這種經營手段對船主太有吸引力了。」

說到這裡，包玉剛喝了口茶，並留意一下桑達士的反應。桑達士認真地聽著包玉剛的分析，示意包玉剛繼續說下去。

包玉剛接著說：「日本人的造船水準雖然有很大的進步，但他們並不想擁有船隊，主要是因為他們資金方面的困難，而且如果有了自己的船隊，那他們就得要掛日本國旗、雇日本船員，偏偏日本員工薪水比香港的高三倍，所以他們寧願租船用。」

桑達士問：「這就是你這麼多年一直跟日本人做生意的原因？」

包玉剛微笑著點點頭，「是啊。英國、日本和美國這些國家，在國際上為自己樹立不少敵人，您不否認這一點吧？」

桑達士確實搖搖頭。

「所以這幾個國家投入航運才會在世界上受到很多限制，但香港不是。香港是個自由港，任何國籍的船隻都能停靠，也能擁有任何國籍的輪船……」包玉剛這才說到自己真正的想法：「桑達士先生，我已經和日本一家造船公司談妥了。我準備訂製一艘新船，排水量為七千兩百噸，可能需要一百萬美元。等我買下之後，我再把船租給他們，租期五年，第一年租金是七十五萬美元。」

桑達士有些明白包玉剛轉了一個大彎的原因了：「你是想從我們銀行貸款？」

包玉剛說：「對。」

桑達士在心裡盤算了下，雖然第一年的租金有七十五萬美元，但各種費用加起來也不是一個小數目，粗略估計，這艘船的成本需要十幾年才能回收，如果借錢給包玉剛，銀行就需要承擔長時間的風險。

桑達士低著頭沉吟了一會兒，為難地對包玉剛說：「包先生，對於航運業，我們銀行一向比較謹慎，銀行貸款的規矩，包先生你也是清楚的……」

看來還是這個理由嘛！包玉剛心裡有了底。

包玉剛說：「你是說讓我去找一位可靠的擔保人，對吧？如果有日本銀行開出的信用卡，匯豐銀行是否願意借錢給我？」

銀行能開信用卡，就證明租約保障沒有問題；包玉剛如果能

拿出一張信用卡，不就和找到一個可靠的擔保人一樣嗎？對於這點，桑達士心裡明白得很，他也很清楚，包玉剛是那種不達目的不罷休的人，桑達士想：「與其讓他喋喋不休地糾纏下去，不如就先答應他，反正他也未必有能耐拿到日本銀行的信用卡。」

想到這裡，桑達士爽快地對包玉剛說：「包先生，只要你拿來信用卡，我馬上給你貸款。」

包玉剛眼前一亮：「此話當真？」

「君無戲言。」桑達士得意揚揚地使用了一個他新學的中國話。

包玉剛告別桑達士後，馬上訂了一張飛往日本的機票，一下飛機就去拜見租戶的總經理向他說明自己的構想。

對方一張口就是一連串飛快的日語，包玉剛聽得是一頭霧水，十分後悔匆忙之中沒有帶一位翻譯，不過語言上的溝通問題始終沒有難倒他，無論是當年在漢口還是後來到香港都是如此。

因為之前和日本有過幾筆生意往來，包玉剛專門請了一位日語教師每週不間斷地上幾個小時的課，基本上能聽懂一些，只是對方的語速有點快，他還不是特別適應。包玉剛使出渾身解數，英語、日語交錯使用，終於讓對方明白了自己的用意，這才長長地舒了一口氣。

可是，向來以狡猾、精明聞名的日本商人怎麼會如此輕易地答應包玉剛的請求呢？對方只是表示明白，但並沒有點頭應

允。

　　包玉剛自然理解對方想要的是更加優惠的條件，當下直接保證，如果自己的船在海上出了事，他會把保險金和賠償全部都給對方，自己一分不留。

　　誰都知道大海變幻莫測、充滿凶險，海運保險保費也因此十分昂貴，萬一出了意外，投保人將得到一筆數量可觀的賠償金。對包玉剛來說，放棄這筆保險賠償金就意味著血本無歸、傾家蕩產，但這個承諾也足夠證明他的誠意。

　　精明的日本客戶考慮再三，終於答應帶包玉剛去找他們的銀行經理，三方進一步商議後，包玉剛如願以償地拿到那張幫助他踏上船王之路的信用卡。

　　當包玉剛拿著這張銀行信用卡走進桑達士的辦公室時，那位金髮碧眼的英國紳士驚奇地睜大眼睛，不敢相信這是真的。一個毫無背景、航運經驗不算豐富的中國人，居然能在短短幾天內拿到日本銀行開出來的信用卡，這聽起來似乎是天方夜譚，現在卻變成了現實。驚訝之餘，桑達士不禁再次為這位中國商人的能力深深折服。

　　做銀行的最講「誠信」，桑達士立刻按照當時的口頭契約為包玉剛貸款，包玉剛也才能透過這種借雞生蛋的辦法，開始建立自己的海上王國。

　　桑達士因支持包玉剛搞航運，開創了銀行涉足海運的先

河，在一九六二年被提升為匯豐銀行的首腦，兩年後更是率領匯豐銀行投資環球航運，攜手達到雙贏。

一九七一年，包玉剛接受匯豐銀行邀請加入其董事會，成為其中第一個中國人。

一九七〇年代以後，匯豐銀行漸漸超過渣打銀行和有利銀行，其中一個重要原因是他們採納包玉剛「投資多樣化」的建議，走國際化路線。

從此以後，包玉剛、桑達士、匯豐三者之間建立了無法割斷的關係，匯豐既然已參股到包玉剛的環球航運，勢必不會讓它垮台，而包玉剛也能憑藉匯豐的雄厚財勢在航運界大展身手。

包玉剛透過銀行貸款在二手貨輪市場上大量購買船隻，短短幾年內就擁有四十幾艘巨型遠洋貨輪，事業蒸蒸日上，資金也像滾雪球一樣越滾越大。

包玉剛初涉航運界的時候，受到資金限制，購置的都是一些舊貨船，船齡也較長。就在包玉剛為舊船經常需要修理、替資金和經營管理造成不小的浪費和困難而煩惱不已的時候，日本政府正準備著手復興他們的造船業，宣布國外企業向日本船廠訂購船隻可享受低息貸款。有此機遇，包玉剛當然不會錯過，也就成功地用較少的資金淘汰舊船、更換新船。

一九六二年十一月，包玉剛訂購一萬六千噸的「東方櫻花號」在日本船塢下水，象徵船隊汰舊換新的開始。

在此之後，匯豐銀行又和包玉剛合作成立「環球航運投資有限公司」，包玉剛在匯豐的地位也穩步上升，甚至在後來榮任匯豐銀行的副董事長，成為匯豐銀行史上首位華人董事，同時也是亞洲的第一人。

從一九六二年第一艘新船下海開始，包玉剛船隊裡的新船有百分之九十以上都是日本造船廠製造。

一九七〇年，當航運業正值興旺的時候，各國船東爭相在日本造船，但隔年業績不好時，所有人避之唯恐不及。就在這個時候，包玉剛卻反其道而行，一連訂購六艘巨型遠洋貨輪，總噸位超過一百五十萬，因此被日本的造船廠認為「最值得尊敬和最信任的主顧」，常常讓他「先把船開走，再慢慢付款」！

另外，包玉剛訂造的新船有百分之八十五都是租給日本的航運公司，而日本的航運公司也認為環球公司的船隻租金最低廉、信譽最可靠，也樂於租用包玉剛的船隻而非自己購買。這似乎已形成一種不成文的默契。

一九七二年，包玉剛在百慕達成立「環球國際金融有限公司」，其股東中有香港匯豐銀行、日本興業銀行及環球航運集團，包玉剛出任董事會主席。

終成一代世界船王

包玉剛雖然擁有規模不小的船隊，但他一向低調做人、不事張揚，新聞界不怎麼炒作，當時也沒有人把「船王」的桂冠戴在他頭上。

當時世界公認的船王是希臘的歐納西斯。

一九八六年，包玉剛見到了歐納西斯。那時的包玉剛因為生意上的事情來到美國紐約，有位同行告訴他：「大名鼎鼎的希臘船王歐納西斯也在紐約，你們不如見個面，認識一下？」

包玉剛一向是個虛心好學的人，他馬上同意了。

六十二歲的歐納西斯依然精力旺盛，喜歡喝黑牌威士忌，每天要抽六十支香菸。

歐納西斯見到名不見經傳的包玉剛時，只把他當作一個剛入行的年輕船主，面帶傲慢，也因此激起包玉剛的自尊心。他只

是簡單與歐納西斯敷衍了幾句，就與他不歡而散。

一九七一年秋天，包玉剛來到英國，坐上了從倫敦前往普利茅斯的頭等車廂，在車內與一位英國紳士麥理浩聊起來。

包玉剛的英文老師是香港大學講師白端訥，他專門和他學朗讀和優美的發音，加上一有時間就會練習，口語因此相當流利。

閒聊中，麥理浩問起包玉剛從事什麼職業。

包玉剛說：「該怎麼說呢……我自己有一些船。」

英國是島國，似乎所有人對船都有著很大的興趣，麥理浩當然也不例外。他滿懷興致地問包玉剛：「那您有多少艘船呢？」

包玉剛微笑著回答：「很多吧，七、八十艘？具體多少艘我也不記得了。」

麥理浩不相信地繼續追問：「那有希臘船王歐納西斯先生那麼多嗎？」

包玉剛直言不諱：「歐納西斯和尼阿喬斯的船加起來，大概和我的差不多吧。」

麥理浩頓時睜大眼睛，他看了包玉剛老半天，才說：「原來真正的世界船王不在希臘，而是在香港！」

麥理浩把這次與包玉剛的對話傳揚出去，包玉剛便贏得了「東方歐納西斯」的稱號。後來，麥理浩曾一度出任香港總督，

一直與包玉剛保持著很好的友誼。

一九七四年春天，歐納西斯反過來登門拜訪包玉剛。

當時包玉剛也在紐約，歐納西斯費了好大的功夫才找到包玉剛住的酒店，卻怎麼也想不到，已經成為船王的包玉剛生活依舊如此簡樸，住在這麼普通的酒店裡。

包玉剛不計前嫌，很禮貌地接待了歐納西斯。

歐納西斯坐下之後，閒聊了幾句，忽然說：「包先生的誠信和勤勉眾所皆知，我和我女兒都十分敬仰您。」

包玉剛看著年近古稀的歐納西斯，不知道他說這番話是什麼意思，但還是謙虛地說：「您過獎了。」

歐納西斯長嘆一聲，「後生可畏啊，可惜我的兒子亞歷山大已經過世了……」

包玉剛深表同情，「我也聽說了，您別太難過。」

歐納西斯有點為難地說：「包先生，您大概也聽說過，歐納西斯是個狂人。我這一生極少求人，但是今天我來見您，卻是有一事相求。」

包玉剛並不意外，只是誠懇地告訴他：「您就直說吧。」

歐納西斯點點頭，「亞歷山大死後，我便有些心灰意冷，加上年紀又大，我就想把生意交給我女兒克莉絲蒂娜，只是她年紀還小，我希望包先生能幫幫她。」

包玉剛驚奇地問：「我？您要我怎麼幫她？」

歐納西斯說：「我是這樣想的。我們可以建立一種互惠互利的關係，例如合資經營。」他看了一眼包玉剛，接著說：「或者由你來代理你和我的船隊⋯⋯當然採取其他的合作方式也可以，只要能有利於克里斯蒂娜的成長。」

包玉剛聽到這裡，不由得暗暗地思索起來：「歐納西斯的船隊規模宏大、實力雄厚，如果我們兩家聯手，的確是個千載難逢的好機會⋯⋯」

可包玉剛轉念又想：「但大家處事作風和生活習慣相差懸殊，而且我從來沒與他合作過，且不說能不能順利，我在這種情況下答應歐納西斯，別人會不會認為我是乘人之危？希臘的另一位船王尼阿喬斯與歐納西斯一直是死對頭，我一旦與歐納西斯合作，勢必等於是與尼阿喬斯為敵⋯⋯一切還是謹慎為上。」

包玉剛把所有的利弊分析了一遍，婉轉地對歐納西斯說：「合資經營的內容太複雜，您突然間提出來，我還沒有仔細考慮周全，您給我一段時間吧。」

歐納西斯大失所望卻又無可奈何，只好面帶遺憾地告辭了。

第二天，歐納西斯再次邀請包玉剛去他新落成的奧林匹克堡酒店做客，包玉剛禮貌地回絕了他。

雖然事情沒有談成，但歐納西斯也對包玉剛敬佩三分，他曾經十分誠懇地對包玉剛說：「儘管我投入船隊的時間比你早，

但和你比起來，我只是一粒小小的花生米。」

一九七五年，包玉剛的環球集團所屬運油船和貨品船達八十四艘，這離一九五五年一艘舊船起家時剛過了二十年。

至一九八〇年，包玉剛的環球航運集團船隊已經發展到兩百多艘，載重量達到兩千一百萬噸，被人們敬稱為「海龍王」，成為世界船王之首。

包玉剛在航運界的聲勢越來越大，很快引起了本行業人士的注目，並受到世界各國政要的尊敬，如英國女王伊麗莎白封他為爵士，日本天皇、比利時國王與巴拿馬和巴西的總統紛紛授予他勳章，中國領導人鄧小平也都曾接見過他。

全世界的華人商家比比皆是，但獲得這麼高、這麼廣泛的國際聲譽的，卻只有包玉剛一人。

認識包玉剛的人都知道他是個笑聲朗朗、隨和、豁達、不拘小節的人，與人交往非常友善得體，所以包玉剛的朋友遍佈天下，那些不曾與他謀面都深知其為人，對他尊敬的人士數以萬計。

審時度勢預見危機

一九七八年，包玉剛的航運事業來到巔峰。在藍色的海洋上，包玉剛憑藉著銀行家的睿智、敏銳以及高超的商業手腕成就了自己的霸業。

此時，一場因中東戰爭引發的石油危機席捲全球，導致航運市場的空前繁榮。在很多人眼裡，全球航運業「龍頭老大」的包玉剛勢必是最大的獲利者。

各國瘋狂搶購石油，船東當然喜歡這種情形。

當時，包玉剛擁有一千多萬噸的船隊，其中有五十艘是超級油輪，它們價格昂貴，一艘差不多是一座大廈的價值。在石油運輸繁忙的時候，這些超級油輪成為賺錢的寶貝，一趟下來就是幾百萬美元的利潤，各國船主紛紛訂購起超級油輪。

但包玉剛嗅到大蕭條風暴的氣息。在他看來，這種情形不可能長期保持下去。

　　一九七〇年代後期，許多國家收益豐富，如日本等國開始大幅削減石油進口量，而隨著石油危機出現，當油輪供大於求時，航運業就會受到很大的打擊。航運市場的情況必定會越來越糟，超級油輪將成為船主的負擔，昂貴的保養費也會導致船主一夜之間傾家蕩產。

　　不只是包玉剛，當時其實有很多從事航運業的船主都意識到了這點，但他們卻天真地認為「船到橋頭自然直」，卻沒想到如果直不了，等待他們的就是「船翻人亡」的悲慘下場。

　　包玉剛有著十分接近市場的感知力，他以銀行家的敏銳與睿智、企業家的大膽與魄力，在航運低潮來臨前大刀闊斧地對集團策略作出重大調整。

　　也許有人會奇怪，包玉剛為什麼能夠如此準確地預測未來？

　　包玉剛之所以能如此，主要在於他能從旁人容易忽略的事物中發現重要線索的能力。銀行家出身的包玉剛，特別擅長從別人的談話中推測其內在深意。

　　在外人看來，包玉剛常常行蹤不定，也許出現在某國國王的皇宮，明天就會有消息說他受邀到某國總統的官邸做客。他看起來似乎在周遊列國，實際上是在蒐集情報，唯有把握世界的政治格局變化和經濟脈搏，他才能讓自己能更準確地獲取各種有用的訊息，及時地為決策制定正確的方向和路線。

　　一九七六年，美國哈佛大學經濟學院邀請包玉剛去演講，在那裡，包玉剛發表了題為《經營航運的個人心得》的演說。

　　包玉剛指出：「要想當一個世界著名的經濟大亨，就不能遠離政治，必須瞭解時局，在繽紛繚亂的表象中抓住實質性的東西。請大家不要期望聽到管理技術或籌劃資金策略的公式，深入的調查研究和理智的綜合分析才是正確判斷的基礎。」

　　包玉剛還告誡同學們：「也許各位當中有一位將來身居要職，必須探究公司未能達成業務指標，或經營失敗乃至政府機構國民經濟收入欠佳的原因何在。如果有此一日，請先將調查手下主管人員的能力及態度列為要務之一。不管是私人企業或政府機關的主管人員，都應該不斷學習以求適應和成長，否則就會落後。

　　「在市場情況最興旺而使人陶醉時，應該未雨綢繆、以防萬一。如欲成功，只有多花時間並下苦功去研究。航運管理可說是千頭萬緒，需要集中精神而且注意細節。現代船隻經過高度精密的科技建造而成，在岸上和海上都有許多設備需要專門人才管理和操縱，一不注意，因為缺乏經驗或稍有疏忽就會肇事甚至造成生命死亡、船隻受創，進一步失去租金收入。

　　「可靠的設備、周密的訓練、穩健的保養制度，尤其是嚴密督促日常船務管理工作都是船東成敗的極重要因素；充足的資金準備、良好的會計制度、有條理的內部管理和生意頭腦同樣很重

要。建立一支相當龐大的船隊需要雄厚資金，資金成本在航運業方面自然是重要的一環，因此，和債務人與投資者、金融機構及股票的關係對一個船東不可或缺。」

在一次接受香港記者採訪的時候，包玉剛把他的這種觀點具體化：

做航運業是要下功夫研究，自己則要肯吃苦、夠努力。船在外面走，你也要跟著跑來跑去，訊息要多，電話要通，要靈！

現在中東的局勢你自己看不清楚，那你怎麼去決定一艘船務的處理方法？

國際金融這麼動盪，你要用美金、用日元，還是用馬克？你收人家的是什麼錢，將來通貨膨脹會怎麼樣？

如果你覺得這些距離遙遠，那最近中國向美國購買大批糧食，就有很大的關係了對吧？兩伊戰爭會什麼時候結束？接下來石油的情況怎麼樣？會影響西方國家經濟嗎？這些也都會和船務有直接的關係。

人的關係也很重要！世界政治的關係也很重要！世界經濟的關係也很重要！現在是日本造船還是韓國造船，各種各樣的資料你都應該清楚。

自從一九七三年世界石油危機之後，工業發達的國家都意識到能源是關乎生死存亡的因素之一，它們不得不痛下決心來加強石油的自產能力，試圖擺脫阿拉伯產油國的控制。

即使是工業不發達的中國，其豐富的石油資源也引起外國的興趣，它們積極幫助中國開發南海的海底石油。這項計劃一旦成功，日本對石油運輸的需求將大大減小。

這次石油危機，還導致替代能源的興起；包括日本在內的科技發達國家都積極展開研究。

一九七七年，沈弼取代桑達士成為匯豐銀行總經理，一上任就對包玉剛的貸款採取收縮政策。銀行對投資於包玉剛航運事業的興趣明顯減弱。

一九七八年，包玉剛的環球公司在日本的兩個大客戶之一——日本輪船公司——因經營不善而面臨倒閉。那時，環球公司與其簽訂二十多艘超級油輪的租約，對方一旦倒閉，環球將會遭受巨大的損失。

環球公司為此馬上召開了一次董事會會議，會上，沈弼作為環球公司大股東之一向包玉剛提出要求：「請您對租約的可靠性作出書面保證。」

包玉剛當時很為難。會議上既有自己的朋友，也有很多競爭對手；他沒法答應沈弼的要求，但是若完全拒絕，又可能會引起不必要的誤解，並且引出更多的謠言。包玉剛只好做了一個簡單的聲明，對所涉及的細節則一概不提。

沈弼對包玉剛的態度十分不滿，會後，他專門去拜訪了包玉剛，讓其作出詳細的解釋。

　　此時，包玉剛已經得知日本工業銀行總裁池浦喜三郎近期內會到香港訪問。只要得到此人的支持，日本輪船公司就會度過這次危機，環球也可以避免遭受巨大的損失。

　　胸有成竹的包玉剛告訴沈弼：「請您再忍耐幾天，一定會有好消息的！」

　　一九七八年六月，池浦喜三郎來到香港，他在一個幾乎集中了香港政要、商業巨子的宴會上鄭重表示：「我們日本工業銀行及與其有關的銀行會對日本輪船公司給予強有力的支持，尤其是對其國外的債務和承租合約承擔責任。」

　　沈弼聽了，不由向包玉剛送來讚佩的目光。池浦喜三郎稍後又向香港媒介做了相同內容的保證。

　　有了這個保證，環球航運和包玉剛這才順利地度過了危機。

　　話雖如此，但沈弼的態度也預示著雙方的合作失去了相互信任的基礎。包玉剛是個聰明人，他看出沈弼以後不會再與環球航運公司合作，當然也不會發放貸款給環球航運公司支持其發展。經過這件事後，包玉剛更加確認了航運業已經開始走向下坡路，進行策略轉移的決心更大了。

　　首先，包玉剛想到的就是減少船的數量。包玉剛賣掉大部分油輪，以讓所有人吃驚的低價把該賣的大部分船都出手了，而這也被那些仍然看好航運市場的船主譏笑為「發財昏了頭」。

　　賣掉了部分油輪之後，包玉剛又著手為環球集團第一家上

市公司東亞航海公司及其船隊報價。之後的四、五年，包玉剛賣掉了其中大半的船隻。

　　事實證明包玉剛的行為是正確的。當一九七Ｏ至一九八Ｏ年代間，世界航運業的大蕭條像颶風海嘯般襲來時，包玉剛已經把他的船隊穩穩地開進了「避風港」！

　　一九八五年是世界航運業遭受災難的一年，全世界共減少了一千七百八十五艘船，總排水量達一千七百七十五萬噸。

　　事後，匯豐銀行主席威廉對包玉剛此舉大加稱讚，他說：「包氏的這項舉動讓人十分吃驚，他在一年內賣掉很多船隻，減少貸款數目；當在別人還在買進時，他沒有乘機要價。那段時間他十分冷靜，這正是他成功的原因。他如果把這個想法告訴別人，別人就會跟著他的腳步走。他是怎麼知道何時該把船隻賣掉的呢？他四處旅行，打探和收集各種各樣的訊息，結果得出見好就收的結論，成為這場『船災』中受害最輕的一位。」

登陸首戰投資股票

　　一九八○年代，包玉剛已經逐步將麾下船隊從過去的兩百艘削減為九十六艘，人們不由得猜測起船隊大大「縮水」的船王，接下來又將何去何從？過去在海上縱橫馳騁、翻雲覆雨的「蛟龍」，能否在陸地上也獨霸一方呢？

　　一九七八年夏季的一天，包玉剛上午辦完事，下午正在家裡休息，電話突然響了起來。

　　包玉剛拿起電話：「喂，您好，我是包玉剛。」

　　裡面傳出一個聲音：「您好，包先生，我是李嘉誠。我有件生意想跟您談一下。」

　　包玉剛大吃一驚。

　　李嘉誠是當時香港地產界的驕子，位列香港十大財團的榜首，剛開始是靠房地產和炒股票發家，是香港有名的風雲人物，

無論經濟實力和名望都比包玉剛略勝一籌。由於包玉剛多年從事航運業，與李嘉誠雖然都住在港島南區的深水灣，但也僅限於見面時打個招呼、沒事時通通電話而已，卻從未有過生意上的來往。

如今聽到李嘉誠這麼一說，包玉剛在吃驚之餘也同時想到，這或許會對自己的轉型登陸有幫助。他問：「您說吧，是什麼事情？」

李嘉誠直接說：「是關於九龍倉的，您感興趣嗎？」

香港的九龍倉是香港最大的碼頭，一直由香港四大財團之一的怡和洋行控制。

九龍倉有限公司是怡和系的旗艦公司，也是一個上市公司。九龍倉集團控制著一筆巨大而廣泛的陸地資產，包括九龍、尖沙咀、新界和香港島上部分的深水碼頭、露天貨場、貨運倉庫、集裝箱轉運站、酒店、大廈、路面電車及天星小輪。可以說誰掌握了九龍倉，誰就掌握了香港大部分貨物的裝運業務，九龍倉自然也成為各大財團的必爭之地。

俗話說：「人怕出名豬怕壯。」九龍倉股票美好的前景、重要的地理使其像一朵散發香味的鮮花備受矚目，也像一塊肥肉令人垂涎。

擁有九龍倉的怡和洋行是個歷史悠久、實力雄厚的英資集團，盤踞香港已經有一個半世紀，與匯豐銀行、太古集團和會德

豐三家英資集團並稱為香港四大洋行,而怡和的總經理同時又兼任九龍倉主席,可見九龍倉在怡和舉足輕重的地位。

包玉剛初步打算離海登陸時就瞭解到,一九八〇年代初期,怡和的實力很強。當時的怡和洋行仗著財大氣粗,一向自高自大、不把華資財團放在眼裡,而隨著華資財團的迅速崛起,英資和華資的爭鬥日趨激烈,大家不約而同都把目光轉向九龍倉這個香港最大的碼頭。英資集團當然不會讓出已經到手的好處,華資財團則虎視眈眈,伺機而動。

包玉剛意識到,李嘉誠現在正集中精力要將和記黃埔從英國人手中收購過來,但對九龍倉這塊令人垂涎的肥肉,他應該是心有餘而力不足。

想到這裡,包玉剛馬上說:「好的,我們稍後到太子行詳談吧。」

隨即,兩個人祕密來到包玉剛位於太子行的辦公室裡詳談起來。

兩個人見面之後,沒有過多的客套,李嘉誠直入正題:「包先生,我手頭持有九龍倉百分之二十的股票,一共有兩千萬股,我想轉讓給您,不知道您有沒有興趣?」

原來,李嘉誠透過手下的一批智囊得到消息,一九七〇年代後期,怡和洋行動用大量資本在香港興建樓宇用於出租,結果卻導致資金流動緩慢,而且利潤很低。怡和的決策層試圖用出售

大量債券來解決，不料使得自身負債累累、信譽大跌，股票市值也因此大幅下滑，以至於怡和雖然是九龍倉股份有限公司的最大東家，但實際佔有的股權還不到百分之二十，也就是說，倘若有誰占據百分之二十的股份，就可以與怡和公開競購九龍倉。

換言之，只要不動聲色地買到九龍倉百分之二十的股票，就可以與怡和洋行進行公開競購！

另外，如果公開競購，在價格相同的情況下，持股的香港人會願意賣給華資集團，這是英資集團所沒有的優勢。

李嘉誠是靠地產和股票起家的，他怎麼不懂這些？他私底下早就算過，當時九龍倉發行的股份不到一億股，每股面值僅十港幣，也就是說，九龍倉股票市值總額不過十億港幣；九龍倉擁有的尖沙咀是香港最繁華的地區之一，光是九龍倉擁有的土地價值就遠遠超過那些股票。

精於房地產生意的李嘉誠心中明白，即使九龍倉的股票價格再上升五倍，買入九龍倉股票仍是划算。基於這種考慮，李嘉誠買下了九龍倉的兩千萬股股票。

在擁有九龍倉股份有限公司的兩千萬股股票後，李嘉誠審時度勢，深知以自己一個人的力量，不可能與同時擁有和記黃埔和九龍倉的和記洋行抗衡。經過一番權衡利弊，他決定把手中擁有的九龍倉股票以比買入高得多的價錢拋出，累積資本以將和記黃埔納入自己的控制之下。

他選擇了包玉剛作為拋出九龍倉股票的對象。

包玉剛只想到買下九龍倉的股票是否對自己有利。九龍倉是一家已有百年歷史的英資洋行，又是一家實力雄厚、有發展潛力的財團，它名下有些價值不菲的倉庫、碼頭、酒店等，而購買股票比直接投資其他生意來得乾淨俐落。購買九龍倉股票，無疑是把自己龐大的資產轉移到陸地上的一個好機會。

李嘉誠很清楚包玉剛的情況，於是用包玉剛需要的換取自己需要的，可說是互利互惠的一項交易。

包玉剛問李嘉誠：「李先生，我很有興趣把您的九龍倉股票買下來，價格怎樣？」

李嘉誠見包玉剛同意了，隨即開出一個價位：三億港幣多一點。

包玉剛二話不說，當即拍板接受。

包玉剛一下子從李嘉誠手中接收九龍倉的兩千萬股股票，再加上他原來擁有的那部分，他已經可以與怡和洋行進行公開競購，如果收購成功，就能穩穩地控制資產雄厚的九龍倉。

而李嘉誠以十到三十港幣的價格買入九龍倉股票，又以三十多塊錢脫手給包玉剛，一下子獲利數千萬港幣。更重要的是，他可以透過包玉剛搭橋，從匯豐銀行那裡承接和記黃埔的股票九千萬股，一旦達到目的，和記黃埔的董事會主席則非李嘉誠莫屬。

　　包玉剛不禁暗暗佩服這位比自己小，但精明過人的香港地產界新貴：「這真是只有李嘉誠這樣的腦袋才想得出來的『絕招』！」

　　沒有太多的解釋、冗長的說明或喋喋不休的討價還價，兩個同樣精明的人一拍即合，祕密地訂下了一個同樣精明的協議。

　　晚上九點多，這宗交易即告達成。

打響九龍倉收購戰

包玉剛從李嘉誠手中接過兩千萬股九龍倉股票後，他手中的九龍倉股權大增，已經打好基礎，有足夠的能力向怡和洋行發動挑戰了。

包玉剛選擇九龍倉作為登陸後的主要襲擊對象，自然有其深意。

首先，控制九龍倉行政大權的置地公司雖然實力雄厚、背後有財大氣粗的怡和洋行撐腰，氣焰可說是囂張至極，但它卻有一個致命的弱點──實際擁有九龍倉的股份只有百分之二十。一般來說，上市公司的股權若小於百分之三十五，就容易被人乘虛而入。

香港一直流傳著「未有香港，先有怡和」、「怡和的面子，太古的銀紙」之說，這些英資洋行高傲狂妄的程度可見一斑，也使怡和這個老牌英資洋行太過傲慢，察覺不到自己岌岌可危的處

境，更沒有料到的它們向來看不起的華資財團也會「覬覦」九龍倉這塊禁地。

　　包玉剛從事二十多年的航運，很早就想擁有儲運業務的倉庫，卻苦於沒有自己的碼頭，對其重要性感受極深。長期以來，他龐大的船隊由於沒有地盤和倉庫，在香港的業務都要租用九龍倉的倉庫，費用十分昂貴，好不容易完成生意，當中很大一部份利潤都會受其剝削，對此始終無法甘心。

　　總是使用別人的碼頭和倉庫，頗有寄人籬下之感，包玉剛對擁有自己碼頭的渴望遠比任何人都要深切。

　　他要達到目標，最好的方法當然是擁有足夠的股份控制九龍倉的行政大權；他也確實早就盯上了九龍倉，同時買下不少股票，但尚未達到與怡和競購的數量。現在有了這個機會，他當然不會白白浪費。

　　除了這兩個原因，怡和洋行在香港不良的聲響也是別人不易發覺的有利條件。它在控制九龍倉時向來採取高額盤剝的政策，使港英當局對它甚感不滿，甚至曾經發過警告，如果有華資出面與它爭奪九龍倉，在相同的條件下，在港華人肯定會偏向華資一方。這一點對於包玉剛而言十分重要。

　　基於這三方面的考慮，加上從李嘉誠那裡接過兩千萬股的九龍倉股票，包玉剛心裡踏實許多。儘管如此，做事謹慎的他並沒有向新聞界透露任何風聲，以至於外界一直被蒙在鼓裡，而包

玉剛則不動聲色地繼續收購九龍倉股票。

包玉剛雖然知道要間接與匯豐銀行交手，但他仍是毫無畏懼，畢竟憑他和海外眾多國家元首的關係，他對在有限的時間籌集豐厚的資金與匯豐銀行決一高下，還是蠻有把握的。

包玉剛首先採取各個擊破的辦法，暗中調查持有九龍倉股票的散戶並上門交涉。絕大多數的人一見到包玉剛親自上門，出於對包氏的尊敬，都會熱情地把九龍倉股票全部轉讓給包玉剛。

對於包、李兩人的暗中交易，怡和洋行並不知情。

怡和洋行最初發現李嘉誠收購股票時也曾緊張了一陣子，但後來見他什麼都沒做就由包玉剛接手購買，它們便以為自己的控制地位不受威脅，卻沒料到包玉剛僅用了八十幾天就買了一千萬股股票。加上原來持有的股票數目，包玉剛已經控制了百分之三十的九龍倉股權，大大超過怡和洋行的代表置地公司了。

置地公司是怡和財團屬下的另一個主力，是香港的地產大鱷，與九龍倉並稱為「怡和雙翼」。置地公司此時對外公佈，自己購入怡和證券所控有的九龍倉股份，且目前持有九龍倉股份已經上升至百分之二十。這個數量與包玉剛十分接近。

一九七九年年初，九龍倉董事會邀請已經成為最大股東的包玉剛加入，於是，包玉剛與二女婿吳光正堂堂正正地當起了九龍倉的董事。

控制九龍倉的怡和集團明顯感到來自包玉剛家族的威脅。

他們豈能善罷甘休？

怡和主席紐璧堅身兼九龍倉董事會主席，對包玉剛和吳光正這兩位新任董事一直抱有敵意，雙方不時發生摩擦。

一九八〇年年初，包玉剛向董事會要求環球公司在九龍倉董事會中的席位應增至四席，但紐璧堅堅決反對，同時提出由置地公司的行政總裁貝德福特加入九龍倉董事會，並出任行政主管。

包玉剛與紐璧堅針鋒相對，各執己見。

雙方最後在董事會協商下達成妥協——環球集團爭取到兩個席位，貝德福特也順利進入九龍倉。

這時，為了能夠穩定地控制九龍倉，包玉剛又採取了另一個方法。他先將自己名下擁有的九龍倉股票以每股五十五港幣的價錢轉讓給受他控制的隆豐國際，比市價還要高出幾港幣，其意圖十分明顯；隆豐國際願意以五十五港幣或更高的價錢買入九龍倉的股票，目標就是要掌握九龍倉股權的百分之五十以上，以贏得不受挑戰的控制地位。

包玉剛把九龍倉的股票轉讓給他自己控制下的隆豐國際有限公司，可以說是攻守兼利的一個高招，也是他穩健作風的再次展現。隆豐國際有限公司乃是包氏財團屬下的一個上市公司，股權轉讓名轉實不轉，收購失利最多只賠掉一個隆豐國際，但可以推掉全部法律責任而不會對包氏財團產生致命的打擊，而如果收

購成功就可以得到整個九龍倉！

直至這時，怡和和置地這兩隻自視聰明的「兔子」才如夢初醒，卻發現「烏龜」已經遙遙領先。經過一番周密的部署，怡和、置地決定收復「失地」，以龐大的資本後盾進行反收購。

就在這時，怡和公司突然約見包玉剛，說是想「談談」。雙方代表因此進行了一次「談判」，一方是包玉剛和吳光正，另一方則為紐璧堅和貝德福特。

談判一開始，紐璧堅就單刀直入地要求包玉剛出讓手中所持的九龍倉股份。

包玉剛鎮定地問：「那有什麼條件嗎？」

紐璧堅回答：「我們用置地公司的資產交換。」

置地公司有許多資產位於香港的黃金地段，其中光是中環一帶的幾幢大廈，已經是令無數地產商垂涎的肥肉。包玉剛意識到對方也沒有必勝的把握，當即表示：「那我選金門大廈、太古大廈和太子行。」

紐璧堅大吃一驚，這幾座大廈都位於有「地王之王」之稱的港島中區，價值極高。包玉剛這個條件無異於獅子大開口，他當然捨不得。

紐璧堅表示：「不行，只能以金門大廈、尖沙咀的星光行和半山區的一部分住宅作為交換條件。」

可包玉剛毫不讓步，雙方最後不歡而散。

在這之後的一段時間裡，包玉剛與紐璧堅的爭鬥趨於激烈，以致在召開九龍倉董事局會議時，氣氛緊張到要記下各人的發言和行動。

鬥智鬥勇周密安排

一九八〇年六月，包玉剛有一段起碼十天的長途旅行，涉及歐美兩洲。

一開始，他要先到法國巴黎，以國際油輪協會主席的身分參加該協會在那裡舉行的會議。

接著他要到德國的法蘭克福，參加一個銀行界的重要會議。

然後他會從那裡飛往倫敦；當地時間正逢中國的端午節，當地華人將舉行規模盛大的「龍舟會」，他要去捧場，並且約好了英國石油公司董事長彼特‧沃爾特，兩人準備打一場高爾夫球。

最後的安排是飛越大西洋，他要到中美洲會見墨西哥總統何塞‧洛佩斯‧波蒂略。

包玉剛臨行前，九龍倉曾召開年會。紐璧堅在會議上要求他報告近期的旅行計畫，包玉剛也如實以告，卻發現他的神情古

怪，眼神詭異，完全就是心懷鬼胎的模樣。

六月，盛夏的巴黎迷人極了，每個角落散發出浪漫的氣息。高聳入雲的埃菲爾鐵塔、雄偉壯觀的凱旋門、充滿詩情畫意的塞納河還有熱情似火的巴黎女郎……這個如夢如畫的城市，每天吸引著成千上萬的遊客、商旅流連忘返、如痴如醉，包玉剛卻無心欣賞那旖旎風光和城市風情。

他這次來巴黎，除了油輪船東外還有很多安排，行程本就緊湊，加上那股繚繞不斷的不祥預感讓他心裡難安。

行程雖然很趕，包玉剛仍然抽出時間進行他的例行運動——跳繩。包玉剛喜歡跳繩，這是眾所周知的，他無論在哪裡都隨身帶著一條繩，每天都要抽空跳幾百下。

這天清晨，包玉剛正在公寓裡跳繩。他一氣跳到三百下便停了下來，很自然地想起香港有可能發生的事，想起九龍倉年會上紐璧堅的奇怪眼神……

「為什麼會有這種預感？」包玉剛問自己，「難道是自己向九龍倉董事會主席紐璧堅道別時，他那奇怪的笑容使我不安嗎？」

「這個紐璧堅也太小氣了。」包玉剛在心裡暗暗罵了一句，但轉念一想：「如果當初紐璧堅答應我的交換條件，我是否會把九龍倉的股權讓給他呢？」

「說不定會呢。」包玉剛自言自語道，「得到一幢中區名廈作為我登陸的第一步，這是我多年來的想法。我最希望得到太子

行，可惜紐璧堅死不放，其他的我卻興趣不大。算了，不給就不給，我可以一心一意收購了。」

包玉剛拿過毛巾擦了擦臉上的汗水，放鬆手腳準備休息一下就去游泳。

就在這時，房間裡響起了急促的電話鈴聲，包玉剛下意識看看表，才六點多，誰這麼早來電話？他拿起聽筒。

「喂，爸爸嗎？我是光正。」電話那邊傳來二女婿的聲音：「爸，紐璧堅他們趁您不在，開始行動了！怡和洋行已宣布出巨資收購九龍倉股票，您趕快回香港吧！」

果然，紐璧堅就是要趁包玉剛環球旅行的機會，準備讓他也嘗嘗暈頭轉向的滋味！

當包玉剛乘飛機離開香港的時候，他們便以迅雷不及掩耳之勢，發動了醞釀已久的「九龍倉股票反購戰」。

紐璧堅的第一步棋是股票的佔有份額。他把怡和財團增購的份額確定在百分之四十九，既讓自己立於進可攻、退可守的地位，也讓包玉剛陷於進退兩難——不跟進就得認輸，想跟進，持股量就得超過百分之四十九，而根據當時的收購合作守則規定，擁有百分五十一以上的股票，就必須提出全面收購，牽扯將近百億資金誰也吃不消，顯然是一箭雙雕。

紐璧堅把他的第二步棋鎖定在價格上。包玉剛已經把九龍倉股價抬高至每股五十五港幣，怡和財團想要成功收購就必須高

於這個價格。在紐璧堅的安排下，怡和擬訂了一份廣告認購書，內容是怡和願以兩股要價十二點二港幣的置地股票，外加一張面值七十五點六港幣的抵押債券，合計共一百港幣的代價換購九龍倉股票，並把這份廣告認購書複製數份送至香港各大權威媒體，要求其在主要版面上同時公佈於眾。這樣怡和一下子把九龍倉股票的價格提高了近一倍，其升幅之大為股市歷史所罕見。

看來怡和已經不惜血本，誓與包玉剛決一死戰。包玉剛如果要應戰，就必須要押上全部的身家性命，可是包玉剛能拿得出這麼多的錢嗎？最後一步棋，也是最厲害的，那就是時間。

怡和抓住包玉剛離港的時機發動突襲，想攻其不備使其鞭長莫及，又在週五向媒體及時發出反購消息，並授意媒體在週六一早對外公佈，緊接著把收購計劃告知九龍倉董事局成員，這其中包括包玉剛的女婿吳光正，其目的在於「委託」吳光正轉告遠在歐洲的包玉剛。偏偏此時交易所已經收市，誰也無能為力了。

接下來是週六、週日的休市日，即使包玉剛沒有離開香港，想必也不可能在這兩天裡籌集到巨額資金來收購股票。

包玉剛這次出訪，不知是因為行程緊、每處停留的時間短，還是想考驗一下吳光正的應變能力，他沒有留下聯絡的方法。換言之，吳光正要找包玉剛無異於大海撈針。

怡和財團不愧為盤踞香港一百多年的身經百戰的商場老

手，這次反擊如此突然、如此迅速、如此周密，簡直是雷霆一擊。然而他們卻忽視了自己的對手是大名鼎鼎的包玉剛，太低估這位船王的智慧和力量了！

吳光正當時三十四歲，加入包氏集團時間不長，經驗方面自然比不上紐璧堅，但他卻鎮定穩重。在這個緊要關頭，吳光正冷靜地分析了對方的情況，透過相關人士迂迴曲折，終於找到包玉剛，盡可能在第一時間打電話告訴他。

接到女婿打來的遠洋電話，包玉剛卻是一笑：「這個老頭終於等到機會了啊。」

接著，包玉剛冷靜地分析了雙方的利弊，問他：「光正，你怎麼看？」

吳光正回答：「置地把收購目標定在百分之四十九，無非是想迫使我們全面收購，這需要超過百億港幣的資金，目前我們確實沒有這個能力。唯一有利的是現在對方只有百分之二十的股權，而我們有百分之三十。」

包玉剛問：「如果我們把收購目標也定在百分之四十九呢？」

吳光正明白了：「那麼我們就只需再收購百分之十九就行了。但還有一個前提是，我們必須開出比怡和更優厚的收購條件。」

包玉剛追問吳光正：「你認為什麼是更優厚的條件？」

　　吳光正答道：「現金收購是唯一的辦法。可是，我們現在僅大約有五億港幣的現金，如果要實施這個計劃，必須在星期一之前籌到至少十五億港幣的現金。」

　　包玉剛吩咐吳光正在香港做好一切準備，接著，他與正在倫敦的匯豐銀行總經理沈弼和副董事長博伊在電話裡約好，第二天上午一起共進工作早餐。

　　然後，他一一致電此次歐洲之行要會面的政界和商界朋友，對自己不能赴約表示道歉。一切安排妥當，包玉剛立即起程前往倫敦面見「財神爺」——匯豐銀行總經理沈弼。三人一落座，包玉剛就向兩人原原本本把香港發生的事情說了一遍，並向其提出十五億港幣現金的借款。

　　多年來，包玉剛一直保持著良好的銀行信譽，始終是匯豐銀行的合作夥伴，匯豐當然不能坐視不理，因此沈弼當場拍板：「沒有問題！」

　　事後沈弼對博伊說：「包玉剛良好的信用是他另一筆重要的財富，只要你借錢給他，他就一定能還錢，絕不會拖拖拉拉，這點我很放心。」

　　做事謹慎的包玉剛隨後又聯繫了其他幾家金融機構，他們也都送上了「定心丸」。

　　資金已落實，包玉剛立即通知吳光正聯繫律師和財務顧問商量收購方案，再替他訂購兩張蘇黎世飛往香港的連位頭等艙機

票，他自己則向英航訂了一張飛往瑞士蘇黎世的機票。

包玉剛知道，從倫敦直飛香港肯定躲不過怡和的眼睛，反倒會引起他們的警惕，所以他決定「聲東擊西」，假裝按計劃行事，等到蘇黎世再悄悄地轉乘吳光正預訂的班機。

在去蘇黎世前，包玉剛還要抽空去見住在倫敦的怡和集團總裁凱瑟克。早在股東大會前、凱瑟克獲知包玉剛要到歐洲旅行時，他就約了他來倫敦見面。

包玉剛一到倫敦就直奔凱瑟克的私宅，主人老早就等在門前。見到包玉剛，他張開雙手錶示熱烈歡迎。

包玉剛心裡好笑：「看這個英國佬那得意的樣子，可能已經認為這次陰謀已經得逞了。」

進到屋內落座之後，包玉剛試探地問凱瑟克：「凱瑟克先生，聽說置地要出一股一百港幣收購九龍倉的股票，這是真的嗎？」

凱瑟克故作驚訝地說：「噢，包先生的資訊真靈通。是真的，置地已經遞交了收購建議，下週一就會公佈了。」

包玉剛不以為然地問：「你這麼確定？」

「那是當然了，我們英國人從不打無把握之仗。包先生，我勸你還是趕快拋出你手中的股票吧，這樣還能賺一大筆呢。」傲慢地說著，凱瑟克還把自己的電話號碼寫在紙上遞給包玉剛，

「這是我的私人電話，你決定好了就馬上告訴我吧。」

看著凱瑟克那副根本沒把自己放在眼中的神情，包玉剛心裡恨得要死，表面上他仍然相當平靜，不動聲色地向凱瑟克告辭。

凱瑟克送至門口，隨口問道：「包先生接下來要去哪裡旅行呢？」

包玉剛輕鬆地回答：「中美洲。我約了墨西哥總統明天共進晚餐。」

當六十二歲的包玉剛登上返港的飛機時，已經整整二十個小時沒有闔眼了，滿腦子都是勝負的他卻不覺疲倦，只恨不得馬上返回香港。

世紀收購大獲全勝

星期日上午九點，包玉剛飛抵香港啟德機場。吳光正悄悄地把包玉剛接到他平時很少去的希爾頓酒店，對包玉剛說：「爸，您先休息一下吧。」

包玉剛點點頭，直接向酒店的游泳池走去，邊走邊說：「我游一下泳，吃過午飯再來商量收購的事。」吳光正答應一聲便走了出去。

包玉剛嘆道：「已經一天一夜沒有游泳了，總覺得不舒服。游泳可是人生最大的享受和休息啊。」

游泳時候的包玉剛可以什麼都不想，也能夠冷靜地分析；他一個人在泳池中待了一段時間便跳上岸，看上去像一台充飽電的機器那樣精力充沛。

用過午飯，下午三點，包玉剛與兩個女婿準時到達希爾頓酒店的一個套房，這被他們當作反攻的臨時總指揮部，而包氏集

團的律師與財務顧問已經在等著。這次反收購行動，包玉剛請來的財務顧問所屬獲多利財務公司，那是匯豐銀行屬下的一家全資附屬機構，在香港是一個知名度頗高的財務公司。

財務顧問認為：「怡和提出的一百港幣收購一股，是用股票和債券作交換，不能馬上見到實惠，而我們出現金，即使報價九十港幣也有成功的把握。」

包玉剛卻說：「這次反收購，我要的是百分百的成功，要的是速戰速決，我們要出什麼價錢，才能讓怡和完全沒有反收購的機會？」

財務顧問說：「如果我們出價每股一百〇五港幣，對手絕對無法還擊！」

在場的人都神情嚴肅地看著包玉剛。一百〇五港幣與九十港幣相差十五港幣，即收購兩千萬股，需多付出三億港幣。

在一九八〇年，三億港幣可說是一個天文數字，包玉剛卻說：「該出手的時候就要出手，雖然這樣做要多付出三億港幣，但穩贏才是關鍵。一百〇五港幣一股，就這樣決定了！」

當天晚上，包玉剛召開了記者招待會，宣布要以個人和家族的名義，用一股一百〇五港幣的高價現金收購九龍倉股票兩千萬股，把所持股份提高至百分之四十九！收購期限只在週一週二兩天，但不買入怡和及置地手上的九龍倉股份。同時，包玉剛也在各大報紙上刊登大幅廣告，宣告這場氣勢恢宏的反收購行

動的開始。

怡和洋行滿心以為包玉剛正在墨西哥吃晚飯，誰知對手早已部署了精密的反攻計劃，驚訝之餘也對包玉剛的公告將信將疑，「他要用現金收購？如果他真的這麼做，那我們必敗無疑，但他真的能在兩天之內拿出二十一億的港幣現金嗎？」

儘管存在質疑，但怡和也做好了最壞的打算。

於此同時，雖然從置地發起宣傳攻勢已經過了好幾天，但因為股票專家曾經勸告說在包玉剛反應前最好靜觀其變，加上他們多為華人，早就對置地管理九龍倉的方法不滿，在希望從中取得勝利的期待下，多數的小股東始終按兵不動。

星期一上午一開市，包玉剛公佈了他的收購方案，持有九龍倉股票的散戶和小股東們頓時震驚。再沒有認知的股東也懂了，這分明是個千載難逢的機會，此時不拋，更待何時？

大家奔走相告：「包老闆回擊了！他開價這麼高，還是現金交易，這種好事要去哪裡找，還不趕快拋！」

大批的九龍倉小股東爭先恐後地擠進獲多利中環辦公室，因為九龍倉股票從上週五起就被停牌，不能在交易所交易，只好透過股票經紀人，由財務公司出面辦理。

怡和試圖抬高股價迎擊，但畢竟天時、地利都不如人和，人們都支持船王，紛紛把手中大把大把的股票轉讓給包玉剛。

上午九點之前，香港有史以來最大的收購戰宣布結束，獲多利報價二十三億港幣，吳光正當即給獲多利簽發了一張等價的支票。

怡和財團沒能讓包玉剛暈頭轉向，反而大大傷了自己的元氣，最終不得不讓出九龍倉。

整個收購過程如此順利、迅速，當時有人形容說：「包玉剛以迅雷不及掩耳之勢，打了一場漂亮、乾淨俐落的世紀收購戰！」

這是香港有史以來最大的一場收購戰，也是一場典型的「閃電戰」。從正式開始至收購結束只用了一個多小時，包玉剛就拿到了百分之四十九的股權，一躍成為九龍倉的第一位華人主席，把怡和洋行與置地公司打得絕無還手之力，更顯示了包玉剛令人震撼的戰鬥力和魄力。

這次戰役轟動整個香江，狠狠地打擊了英資財團的囂張氣焰，大長華人志氣，而包玉剛在談笑之間調集了二十一億港幣的事情，也成為香港商戰史上的一個傳奇。

事實上，包玉剛當時收購九龍倉的行為可說是輕而易舉，也可說是穩操勝券，因為他有足夠的資金來源。當時除了匯豐銀行爽快地出借十五億港幣外，不少銀行還主動提出借錢給包玉剛。

就在星期一上午展開收購時，香港美華銀行給包玉剛送來

一封信，說銀行方面知道包玉剛可能需要資金，決定給包玉剛提供一億美元的貸款，無須擔保，但那時整個收購戰行將結束，美華銀行的那一億美元根本派不上用場。

包玉剛在商界的影響力和信譽由此可見一斑。他打贏這場世紀收購戰，與其說是靠銀行的支持，倒不如說是因為他在世界和香港商界舉足輕重的影響力，還有良好的商業信譽，他才能處於不敗之地，輕易地擊敗對手。

收購戰結束之後，包玉剛以一個勝利者的姿態評論道：「置地的那些對手，顯然低估了我的資金來源。」

包玉剛公開向港人表示誠摯的謝意，對自己有一臂之力相助的李嘉誠，他則再次拿出了實際利益表示感謝：將西環的貨倉大廈交給李嘉誠設計，條件非常優惠，讓李嘉誠也來分一杯羹。

這說明了包玉剛對人仁義厚道，也樹立了崇高重義的形象。

包玉剛曾說過一句耐人尋味的話：「成功是因為我身後有無數朋友的支持。」

這次的反收購，包玉剛總共動用了二十三億港幣現金，其雷屬風行的作風、果斷堅毅的性格和必勝的氣概，給人們留下了深刻的印象。

對於包玉剛來說，九龍倉一役是他登陸以來的第一場大戰，非贏不可。如果收購失敗，他不但會造成資金損失慘重，也會嚴重打擊他的計畫，但要是成功了，就能打下穩定的基礎。

經過這一戰，包玉剛名聲大震，其策劃之縝密、出價之豪氣，一直被人們津津樂道。

有趣的是，一年後，置地公司和包玉剛控制下的九龍倉卻又成為合作夥伴，這兩家與長江實業公司等共同建立了一家地產發展公司，可謂「一笑泯恩仇」！

下定決心收購會德豐

一九八〇年，包玉剛取得了九龍倉閃電戰的勝利，也宣告了船王正式登陸。

此時，包玉剛盡情地在航運業縱橫馳騁，長袖揮舞。在巔峰時期，包玉剛擁有兩百艘巨型輪船，總噸位達兩千萬噸，雄踞世界十大船王之首。

在一九八〇年維也納《信使報》的一篇報導，曾這樣介紹包玉剛：

希臘人斯塔佛洛斯 · 尼阿喬斯，或者著名的歐納西斯家族，都不是擁有最多船隻或排水量的人，而是現年六十二歲的包玉剛爵士。他是世界最大的船王，兩百多艘商船、總計兩千萬噸登記的排水量在他的旗下航行於世界海洋之上。他的商船隊大約超過今天蘇聯所有的商船總數，而且還不斷增長中。

一九八五年，包玉剛又一次主動出擊，這次是香港四大英

資財團之一的會德豐。

　　會德豐中文名為會德豐洋行，主要業務是航運，於一九二五年由英籍猶太商人佐治‧馬登（G. E. Marden）在上海成立，一九四九年遷往香港。一九五九年老馬登的兒子約翰‧馬登（John L. Marden）出任會德豐主席兼總經理後，會德豐大舉擴張，高峰期全公司擁有附屬及聯營公司兩百多家。

　　包玉剛與會德豐的創始人佐治‧馬登早在一九五〇年代初期就認識，那時包玉剛正經營著他的「四人公司」，他與馬登之間還有生意往來；為了籠絡馬登，包玉剛曾經把一幅價值不菲的中堂壽軸送給了馬登，從此兩個人成為莫逆之交。

　　一九八〇年代，會德豐洋行的最大股東實際上是華商張玉良。張玉良是香港大家族張祝珊家族的實際掌門人、張祝珊的四子，他們家靠西藥起家，發達則靠地產，其財富已達巨富等級，但知名度甚小，鮮為外人所知。

　　一九六二年，張家第二代主要成員興建了聯邦大廈和國際大廈，一九七〇年將這兩幢大廈售給聯邦地產公司，獲得其百分之七十七的股權。

　　借殼上市後，從一九七〇至一九七二年，他們陸續以聯邦地產的股份，以及半山梅道、花園台等資產換取會德豐的股份，漸漸成為會德豐洋行的最大股東。此時，會德豐主要投資於地產及航運，後來發展到保險、財務、百貨、製造業及貿易，項目繁

多。其附屬及聯營公司包含夏利文發展、實福發展、連卡佛發展、聯邦地產、置業信託、會德豐船務以及聯合企業等。

馬登家族成也航運、敗也航運。

從第二次世界大戰至一九七〇年代，船東船商個個賺得盆滿鉢滿，馬登父子借海上餘威建立起龐大的陸地綜合性集團。

一九七〇年代末開始的世界性航運低潮從油輪初露端倪，馬登卻認為不會波及散裝貨輪，仍大肆擴大船隊。至一九八三年年底，會德豐船務的船隻總載重量一百三十九萬噸，負債高達二十一點八億港幣，另外尚須付出六點八億港幣才能完成已訂造的船。

面對長期不景氣的航運業，負債累累的會德豐船務公司被迫將擁有的船賤賣，並向會德豐洋行及同系公司尋求支持。由於積極賣船，至一九八四年上半年，會德豐船務公司減少了五點六億港幣的負債，減少四點六八億港幣的資本，但同時又出現了六千四百七十二萬港幣的虧損，三月份的時候甚至傳出消息，說會德豐船務公司可能因債務問題而清盤。

張玉良雖然不在會德豐掌權，但作為大股東，經營狀況直接關係到他的利益。張玉良在這段時間常向約翰提議，約翰卻置若罔聞。會德豐船務最困難的時候，約翰代表該公司向擁有十億港幣現金的置業信託拆借九千三百六十萬港幣，張玉良卻行使大股東的權利，聲稱這些現金是眾股東參股投資置業的，對約翰的

決定進行抵制。張玉良與約翰兩人由此事產生矛盾，芥蒂更深。

一九七〇年代，香港出現訊息危機，部分英商對「九七香港回歸」感到恐懼。老馬登年事已高，家族淡出香港，而由於家族內訌，張玉良也有心離開香港，甚至已經去過澳洲打探，準備在那裡安居發展。

在這之前，因為和老馬登三十多年的交情，包玉剛一直沒有收購會德豐的意思。

一九八五年二月十四日，平地一聲春雷，會德豐收購戰爆發了。收購者是過江龍——新加坡的邱德拔財團。翌日開市，恆指昂首直往上沖。

邱德拔原籍福建，早年在馬來亞華僑銀行當書記員。一九六〇年，他與朋友一同創辦馬來亞銀行，並在五年後移至新加坡發展，收購該銀行於新加坡的資產——以酒店業為主的五家上市公司。邱氏的財富僅次於黃廷芳家族，兩人皆是名聲顯赫的南洋大富豪。

一九八〇年代初，黃廷芳家族進軍香港，在港旗艦信和集團還躋身香港十大地產上市公司。邱德拔心癢難熬，急欲為充裕的資金尋找出路，故來港買殼上市。

年逾七旬的邱德拔絕不會魯莽行事，他是有備而戰。他透過仲介人與約翰·馬登談妥，購得馬登家族擁有的百分之十四的會德豐股份。

　　原來，老馬登將生意全盤交給獨子約翰打理，約翰卻無心秉承父業，而且約翰認為馬登家族只擁有會德豐百分之十四的股份，在與其他股東不和的情況下易為他人所利用，與其坐以待斃，不如以退為進，所以祕密將名下股權售給邱德拔。

　　很長一段時期內，會德豐股票一直處於「大市活躍，我歸然不動」的狀態，屬於那種「冬眠股」，所以大失所望的香港股民們都稱它為「藍燈籠」——按照中國習俗，凡有喜慶之事，必高掛大紅燈籠，只有在辦喪事的時候才掛藍燈籠。

　　二月初，會德豐股價一直位於四點一港幣的水準。

　　二月八日，會德豐股價如蟄醒的長蛇，蠢動至四點五港幣，市場甚至盛傳李嘉誠購得香港電燈後，會一鼓作氣吞併會德豐。

　　十二日升至四點九港幣。

　　十四日上午更升至五點四港幣。

　　市場傳說的會德豐收購戰一觸即發；股權易主是真，但都沒往包玉剛身上猜。

　　二月十四日下午，會德豐股票停牌，馬上傳出收購的確鑿消息，收購者是 FALWYN 公司，由邱德拔於前幾天在港註冊，羅富齊父子（香港）公司（N. M. Rothschild & Sons (Hong Kong) Limited）為其財務顧問，代表 FALWYN 提出有條件全面收購建議。FALWYN 公司將會以每股現金六港幣收購會德豐

A 股，每股 O 點六港幣現金收購 B 股，收購共涉資金十九億港幣。

會德豐第一股東張玉良見到收購建議書才如夢方醒。股份公司最起碼的原則是，重大股權變更必須徵得大股東同意，更不用說需要讓全體董事知道了；小馬登私下與邱氏祕密交易，完全不把多年的合作夥伴放在眼裡，何況邱德拔入主會德豐，很可能會令原有股東的利益受損。張玉良發誓挫敗馬氏與邱氏的企圖，情急之下去搬援兵。

張玉良先找過李嘉誠，他自從一九八 O 年斥資收購了和記黃埔之後如日中天，而且又收購了另一個英資機構香港電燈。

張玉良找到李嘉誠，把事情原委誠實以告，李嘉誠也一口答應，宣布動用二十九億港幣收購會德豐，但事後不久忽然改變想法，決定放棄收購會德豐，並建議張玉良去找包玉剛。

一天中午，李嘉誠打電話約包玉剛見面。兩人見面之後，李嘉誠對包玉剛說：「會德豐的事情您聽說了嗎？」

李嘉誠把張玉良的處境詳細說了一下，並且對包玉剛說：「一旦會德豐落入他人之後，到時再想插手就晚了。我現在正忙於其他生意，您有沒有興趣收購會德豐？」

包玉剛對約翰瞞著所有人偷偷把會德豐股權賣給邱德拔感到痛心疾首，他認為約翰的作法既背叛他父親，也背叛他自己，因為依照包玉剛的傳統觀念，後代子孫不但要好好保留，還需要

將父輩留下來的產業發揚光大，可約翰非但如此，竟然還拱手相讓！他同老馬登情同兄弟，眼見約翰如此不孝，當然氣憤。

　　包玉剛覺得這是一個很划算的投資，而且會德豐已不再是故友老馬登的家業，他可以無後顧之憂地出手，當即表示願意介入其中。

　　李嘉誠隨即將張玉良約來一同商談。張玉良轉讓股票之前，對包玉剛有一個要求：「您如果要加入收購，就要完全控制住會德豐，不要讓對方有任何反收購的空隙。」

　　包玉剛果斷地說：「絕對沒問題。」

收購會德豐再顯神威

包玉剛的介入把收購會德豐之戰推向高潮，會德豐原有的兩大股東張玉良、約翰卻在坐山觀虎鬥，不過他們都把籌碼壓在各自的鬥士上。

包玉剛自從購得九龍倉大舉登陸以來，對會德豐垂青以久，只是礙於種種關係不便發動；此次邱氏主動引戰的舉動對他而言簡直是天賜良機，包玉剛趁機大顯身手，很快取得優勢。

包玉剛看中會德豐，主要是與九龍倉業務近似，又具發展潛質。他認為公司過去會萎靡不振，主要是因為大股東過於保守又不協調配合，若改變策略又有包氏旗下業務配合，必定能再度崛起，一改原來的面貌。

十五日週五復牌，會德豐股票立即被抬升至六點四港幣，超出建議收購價，證明有第三者入市橫掃。此時大股東張玉良的背景大白於天下，市場上多數人以為是他在反收購。

　　十六日週六股市休市，包氏家族的財務顧問獲多利代表九龍倉，提出有條件地全面收購會德豐：Ａ股每股六點六港幣，Ｂ股每股Ｏ點六六港幣，均比邱氏 FALWYN 的收購價高出一成，準備動用二十二億三千萬港幣現金用於收購，並聲稱已經直接或間接地擁有相當於百分之三十四的會德豐股權。這批股權顯然來自張玉良。

　　股市休市，股民卻已沸騰起來，爭睹坐山虎與過江龍大戰，自己也欲借兩強相爭猛撈一把。邱德拔挾巨資進港，自然做好了反收購的準備。

　　十八日週一甫開市就出現六點八港幣的暗盤，有人估計是邱德拔暗中吸納。會德豐停牌一天，但會德豐旗下的七家子公司卻無須停牌，黨置置業信託和聯合企業兩支股票均被炒高，因為它們持有會德豐股份。

　　二月十九日，鼠年的最後一天，這也是包玉剛提出反收購之後的第三天。羅富齊代表 FALWYN 將收購價提高到 Ａ 股七港幣、Ｂ股Ｏ點七港幣，整個收購將涉及資金二十四億三千億港幣。收購再掀高潮。

　　接下來就是春節，休市五天；相信包玉剛和邱德拔都沒過成安穩年，他們運籌帷幄，牛年開市再戰。

　　二十五日大年初六開市，包玉剛果出新招，宣布以十一港幣的價格收購會德豐的聯合企業，溢價百分之二十六，動用資金

三億兩千兩百萬港幣。船隻是聯合企業具有相當比重的資產，當時正值航運不景氣，買入有關船舶的股票只會虧本，包玉剛不會不知道，但他看中聯合企業擁有百分之六點八的會德豐股權。

這樣一來，包玉剛既可以阻止聯合企業把這部分股票賣給邱德拔，又可以增持會德豐的股票數，可謂一舉兩得。與此同時，邱德拔正在同聯合企業洽談收購，包玉剛此舉等於釜底抽薪。

第二天，還沒等邱德拔作出反應，包玉剛再次宣布提高收購價格。這一天，會德豐股價 A 股最高升至七點五港幣、B 股 O 點七五港幣，再次出現市價高出收購價的局面，實為股市收購戰之罕見。翌日，獲多利代表九龍倉再一次提高收購價，A 股七點四港幣、B 股 O 點七四港幣，將動用二十五億港幣現金，打破歷次收購紀錄。包玉剛同時宣布，九龍倉已經擁有會德豐百分之三十八的股權。

股市如發生芮氏十二級地震。市場等待邱德拔再提高收購價，邱德拔卻沒有回音；記者打電話至羅富齊刺探，不得要領。大眾邱氏 FALWYN 不會再出高價，會德豐股東陸續前往九龍倉指定的經紀行售出股票。

一九八五年三月十五日，包玉剛的財務顧問獲多利發表通告，九龍倉已擁有百分之五十以上的會德豐股權，收購獲得成功。

同日，羅富齊也發表聲明表示接受股權，售與九龍倉後可獲利一點一億港幣，邱德拔得利回府，一心在南洋發展。

同日下午，會德豐董事局召開會議，選舉包玉剛為主席兼總經理，原主席約翰 · 馬登留任董事並被選為名譽主席。不久，包玉剛意氣風發地進駐位於畢打街會德豐大廈頂樓的董事長辦公室，正式入主會德豐。

包玉剛的收購是猛者的收購，他一擲億金以實力與對手過招，更以絕對的優勢壓倒對方。包氏收購的代價極昂貴，是「負創取勝」。

倒不是包玉剛不善用計，而是他的性格和時勢所然；他沒有更多的時間與對手周旋，若不儘快買盤登陸，就可能陷入世界性船災之中。

包玉剛收購會德豐，可謂是四會合併前大型收購戰的絕響。

一九八六年，以四會合併的聯合交易所的開業，是香港股市劃時代的大事。包玉剛成為繼李嘉誠入主和記黃埔之後，奪得英資四大洋行的第二個香港人。

發展航空投資港龍

　　一九八五年十月，包玉剛繼收購九龍倉和會德豐之後信心大增。懷著對香港前途的美好憧憬，他決定使已經在陸上站穩腳步的事業再往高處發展，衝上雲霄、建立空中王國。

　　包玉剛對集團人員說：「古兵法有云，一鼓作氣，再而衰，三而竭。我們既然登陸了，就應該乘勝追擊。」

　　為此，包玉剛在航空領域搜尋機會，最後，他決定投資一家新建的航空公司──港龍航空公司。

　　一九八五年七月以前，香港一直只有一家航空公司，就是受到四大英資洋行之一的太古洋行控制的國泰航空，該洋行由英國財閥施懷雅父子掌握相對多數股權。

　　施懷雅家族是香港最著名的幾位外籍超級富豪之一，從一八六九年便在香港創業。經過百餘年的發展，施懷雅家族已然把持香港的航空、地產及船塢業的命脈，財產估計超過一百億港

幣,而他們控制之下的太古洋行,自從在一九五〇年代取得國泰公司的控制權後便迅速壯大,並於其後的三十年,始終壟斷香港的航空業。

一九八〇年代初,香港作為東南亞航空樞紐異軍突起,壓倒德國的法蘭克福成為世界上最大運貨量的空運站。它的服務網不僅遍及東南亞,還佈滿中東、歐美、大洋洲、非洲的幾十個國家;香港的航空業成了企業巨子們眼中的一塊肥肉。

包玉剛自然不會落人之後,他早已投資於國泰航空並出任董事。

一九八四年十月,中英兩國發表《中英聯合聲明》,其中關於航空業的說明是這樣的:

在香港註冊、並以香港為主要經營地的航空公司與民用航空有關的行業,可以繼續經營。

這是一個極具誘惑力的說明,它使被稱為香港「毛紡大亨」的曹光彪也下定決心,準備要到香港的空中分一杯羹。

與此同時,中國政府老早就想成立一家航空公司,企圖藉此刺激中國民航改進其服務,同時吸收外界經驗。

中國政府的想法與曹光彪發展航空業的構想不謀而合,於是在一九八五年七月,港龍航空公司宣布成立,它同時受到中國國務院和香港新華分社支持,由港澳國際投資公司與曹光彪合作,在香港由曹光彪牽頭籌組創辦。

　　然而，港龍航空從創辦之際就似乎注定了要歷盡磨難。

　　公司創立之初，曹光彪就因為中國政府的背景招致英國航商及港英政府注意，他們甚至頒布新法來限制香港新的航空公司成立，並以港龍非英資、不符合香港法規為由，遲遲不予批准。

　　在這種情況下，有一位新華社香港分社負責人想到了他的一位「老友」，也就是剛剛收購完會德豐的包玉剛。

　　包玉剛早在一九六三年就為了生意上往來能方便一些而加入英籍，沒想到在二十幾年後，他的英國國籍會讓他作出一次毀譽參半的投資舉動。

　　一九八五那年，包玉剛獲得收購會德豐大戰的勝利，而這時候的他在中國也有多項投資。由於與盧緒章的關係和考慮到他在香港的企業家地位，很多中國的政要一直與包玉剛過從甚密，姬鵬飛等人與包玉剛更是私甚於公的朋友。

　　有關人員親自出馬，請包玉剛幫忙。

　　包玉剛這時也正希望能在香港的航空史上寫上光輝的一頁，於是他再次耗資兩億港幣收購港龍航空公司百分之三十的股權，出任港龍航空有限公司董事局主席，而他與同樣加入英籍的曹光彪之子加起來共有百分之五十的股票，使港龍航空公司成為以英資為主的航空公司，港英政府才正式批准港龍成立。

　　包玉剛注資港龍之後，他辭掉了國泰航空董事一職，專心於港龍的發展。可惜的是，事情並非想像中那麼順利。

在香港，港龍的發展受到的限制極多。根據國際航空上達成的協議，一個國家或地區只能有一家官方航空公司，既然國泰已經代表香港，港龍就不能再經營正常的班機服務，只能承辦包機服務，航線也不能與國泰重複。

包玉剛入主港龍後，大大提高港龍航空公司的資本總額，公司利用包玉剛的兩億港幣資金又訂購了新航機，與港府洽商開辦定期班機，但包玉剛的希望和努力卻付諸東流了。

原來，港龍作為一家包機公司，香港政府既不准他們作廣告宣傳，也不得直接向乘客售票，更不能在中國設立辦事處，每個月還必須向港府申請一次才能繼續經營。

單是這幾條規定已使港龍航空的業務受到限制，然而最要命的是，根據香港民航條例規定，包機不得在中午十二點三十至下午四點起飛降落，幾乎全數扼殺港龍要經營的中長距離客運線。

曹光彪作為港龍牽頭組建者之一，多次聯同新聞界人士向各界呼籲、要求公正。曹光彪在報刊上發表文章表示：「香港政府竭力反對國際保護主義，並派人到歐美遊說要求開放市場，但在香港航空政策上卻構築保護主義堡壘，這豈不是莫大的諷刺？國泰既不是香港的官方公司，也沒有向港府交納專項壟斷稅，如此保護國泰利益，實際上都是在保護英國利益，而且還是打著港府政策的名義！」

包玉剛在政治上一向以和為貴，這時也忍不住了地發文炮轟港府：「不要以為我現在只是在為港龍爭取利益，這也不僅是航空間的衝突。一條航線只准一家公司經營的政策，造成壟斷且有失公平，違背本港工商百業以至港府長期遵循的自由經濟哲學，實在極不光彩，後患無窮！」

然而，呼籲歸呼籲，國泰由於有香港航空管理條例的庇護，港龍也拿它沒辦法。港龍在香港屢屢遭受壓制，幾乎陷入無法生存的境地，而在中國本土也沒能順利發展。

港龍作為有中資介入的航空公司，理應能在中國大有作為，但無奈地沒有得到中國民航的支持，導致業務開展不如預期。

港龍卡在夾縫之中舉步維艱，在成立後的幾年內一直處於虧損經營瀕臨停運的狀態，公司股東每年都需要注資才能維持經營；包玉剛作為最大的股東，他的虧損自然也最多。

港龍的經營狀況引起了國泰的注意，甚至萌發收購港龍的念頭。國泰的負責人先找到包玉剛，對他說：「我有個提議，我們兩家可以相互換股，讓國泰成為港龍的控股公司，而作為交換條件，包先生您將會順利進入國泰董事會，擔任副董事長。」

單從商業的角度考慮，這對包玉剛來說是一個極具誘惑力的建議，他不但可以甩掉港龍虧損這個包袱，還可以堂堂正正進入國泰董事會去圓他的空中王國之夢。

　　但是，正因為當初是中資機構邀他入主港龍，包玉剛認為必須找那位「介紹人」商量商量，也就沒有馬上答應。他只對來人說：「讓我好好考慮一下吧。」隨後便去找中資機構徵求意見。

　　中資機構負責人理解包玉剛的處境，他不便公然反對，轉而建議包玉剛考慮中國民航的反應。但包玉剛從政治方面考慮了許久，最終仍是放棄與國泰換股。

　　一九九〇年，包玉剛把港龍航空董事長一職讓給了女婿蘇海文，蘇海文正準備購買新機開闢新航線。這時的包玉剛卻突然找到中資機構負責人，告訴他：「我想把港龍股份『讓』給曹光彪，再轉讓給香港中信公司榮智健。」

　　中信公司是香港一家背景深厚的中資機構，早些時候，榮智健就在沒有知會新華社香港分社的情況下購買國泰的股份而成了國泰董事。中信收購港龍後，榮智健又將包玉剛所占股連同曹光彪讓出部分的股一併轉讓給了國泰。國泰占大股。

　　從此，港龍航空的業務經營也委託國泰管理，增添飛機向國泰租用，國泰停飛內地北京、上海航線，讓給港龍航行。

　　包玉剛全部售出港龍股份後，並沒有向外界透露付出了多少代價。蘇海文後來在談及此事時說：「我們的投資沒有造成損失，分手也是一件好事。」

　　實際上，包玉剛投進港龍航空的資金還不足他一艘大油輪的價錢，對於他而言只是個很小的數目。當他發覺介入港龍後發

展阻力很大時，就有了退出的念頭，而既然榮智健介入了港龍，那包玉剛不但可以對其他人有個交代，同時可以全身而退，可謂一舉兩得。

投資銀行改革渣打

一九八六年八月，包玉剛又以迅雷不及掩耳的速度，集巨資購入香港的發鈔銀行──渣打銀行百分之十四點五的股份，成為該行最大的個人股東，迫使萊斯銀行收購渣打的計劃宣告破滅。

渣打銀行是香港歷史最悠久的銀行之一，一九八六年面臨被萊斯銀行惡意收購的局面。縱然雙方同屬英國，但渣打的業務主要在亞洲，在香港又負責發鈔，香港人對其有股特別的親切感。

面對即將被收購的形勢，渣打銀行始終保持清醒的頭腦，其董事長、行政總裁麥威廉認為，萊斯在海外銀行業務方面沒有經驗及認識，不熟悉拓展海外業，不可能比渣打管理得更好。

可渣打方面要反收購成功，至少需要投資者購入一成以上的渣打股權。何人來救渣打銀行？ 以包玉剛為首的商人紛紛扮

演「白騎士」，購入渣打銀行股權，協助渣打抗拒萊斯銀行的收購。

這場戰役從當年四月打響，當時萊斯銀行出價每股七百五十便士進行收購，渣打銀行高層強烈反對。

六月至七月，萊斯銀行又兩次提高收購價，此時的渣打銀行並沒有就萊斯的收購建議發出反對文件，也沒有詳細解釋其反對萊斯收購的理由，這引起渣打銀行原來股東們的猜疑。在這種情形之下，渣打易主似乎已成定局。

誰知到了七月九日，倫敦證券交易所發表聲明，一位新加坡富商持有渣打七百八十萬股，同時，非洲自由人壽協會有限公司的兩家英國附屬機構也共購入一百九十五萬股。

就在七月上旬的關鍵時刻，包玉剛突然飛往英國。

渣打堅決拒購的常務董事、行政總裁麥威廉焦急萬分地在機場等候，飛機一到，麥威廉迫不及待地立即與包氏在機場凌晨密談，兩人迅速達成協議，然後才驅車入市。

當日，包玉剛便在倫敦發表聲明，宣布將動用三億美元、折合港幣約二十四億購入渣打百分之十四點九五的股權。

七月十日，渣打一項聲明所稱：包玉剛是該行的長期合作者，已購入八百四十萬股渣打股份。

七月十一日，渣打銀行再次披露，包玉剛已經持有渣打兩

千三百二十五萬股，占該行已發行股份的百分之十四點九五。

七月十二日，收購建議的最後期限到了，萊斯銀行只得到百分三十九點八的股權接納收購，就算加上它本來擁有的百分之四點六，全部也只有百分之四十四點四，沒有獲得超過百分之五十的絕大多數，因而宣布收購失敗。

包玉剛此舉明顯帶有一種懷舊的心理。早在到香港之前，包玉剛曾有相當長的一段時間任職於銀行界，一九四九年與父親攜數十萬元到港後也有過開辦銀行的念頭，只因考慮到資金不足、香港銀行業競爭激烈才作罷。他的心裡對過去的那段銀行生涯始終念念不忘，才會在渣打銀行遭遇困境時拔刀相助。

除此之外，包玉剛一直與匯豐銀行關係很好，還長期擔任著匯豐銀行董事的職位。匯豐銀行曾多次表示有意擁有一家英國商業銀行，而萊斯的性質和規模都很合匯豐的口味；萊斯收購渣打得手後就會變得更加強大，匯豐想要拿下萊斯將會難上加難。

包玉剛相當看重這次的投資。為了參與渣打銀行董事會，他不惜辭去匯豐銀行董事職務以避免利益上的衝突。

與包玉剛一起扮演「白騎士」的，還有當年與包玉剛爭奪會德豐的新加坡大富豪邱德拔，以及澳大利亞富翁羅伯特。

一年前，邱德拔以過江龍身分收購會德豐，包玉剛沉著應對，邱德拔最後只能無功而返，誰知兩人竟會在一年後成為盟友。

　　七月十四日，包玉剛公開向傳媒解釋這次行動。他說：「我之所以大量吸收渣打股票，純粹是個人投資，而且動用的全是我自己的錢，而非公司財產。我認為渣打有長遠發展的潛質，如果渣打能夠保持獨立性，我相信將來會有很好的發展。」

　　包玉剛收購了渣打集團百分之十四點九五的股權後，成為「控制性股權」的持有人，比集團中任何一個股東的股份都要多，後來還擔任集團的副主席。包玉剛就任之初即表示：「渣打有待改革；為了保障其利潤，我會有一些實際行動，請大家相信我！」

　　人們為此也對包玉剛和渣打寄予厚望。

　　在包玉剛參與投資渣打銀行的那幾年，他的行動和經驗確實產生很大的影響。渣打的一位高級職員評價：「……最重要的是包爵士的介入。他花費了約兩億英鎊購買股票，拯救了渣打。」

　　部分渣打的核心人物還表示：「包爵士替渣打帶來幫助我們謹慎從事的廣泛經驗……及長期卓越的忠告……在接管渣打後和重組的困難時期發揮了重要的作用。」

　　但事情沒有朝著人們希望的方向發展。接下來的幾年，包玉剛的意見始終未能在管理階層中產生根本影響，而他增購股權的計劃也沒成功，後來渣打銀行又宣布實行供股集資，按照包玉剛所占股權比例計算，他應該提供四千六百多萬英鎊，已經有些

心灰意冷的包玉剛於是決定放棄渣打的股權。

隨後，包玉剛將部分股權出售，套現一千○八十五萬英鎊，第二年又以一億一千六百萬英鎊出售他剩餘的渣打股份。這樣算下來，包玉剛不但沒有經濟損失，還成功利用英鎊與美元的升高兌換率獲利五千多萬英鎊。

包玉剛先後退出「港龍航空」和「渣打銀行」，完全是基於個人原因。除了公司經營方向與自己的策略相悖之外，自一九八○年代初起，包玉剛就感覺到身體有些問題，他不能不為自己百年歸老之後家族的生意作一個妥善的安排。他必須思考哪些生意應該保留、發展，而哪些生意應該放棄。

尤其是到了一九八○年代後期，包玉剛進入花甲之年，他必須考慮後人的生存發展並作出抉擇，並在權衡後基於獲益不大與兩家公司關係較為複雜、發展前景不明朗而放棄港龍和渣打。

包玉剛不便明白解釋理由，於是換一種方式退出「港龍」和「渣打」。

包玉剛的「登陸」創造了又一個奇蹟，至此也將版圖從海洋擴充到陸地和天空，投資遍佈世界各地，業務涉及地產、運輸、酒店、通信、百貨、電腦科技和傳媒等領域。

包玉剛的財富也多得令人咋舌，他自己開玩笑說：「我不願意知道自己到底有多少財產，因為害怕由於不知所措而引起心臟停止跳動。」

「長風破浪會有時，直掛雲帆濟滄海。」唐朝大詩人李白的這句詩是包玉剛最喜歡的一句，也是他年輕時的志向，更是他年長時的成就。

正是包玉剛身上所具備的這種精神，才能幫助他創立畢生輝煌的事業。

心繫中國參政議政

　　包玉剛在他的財富達到一定程度後，也和大多數企業家一樣開始關心起政治。

　　由於包玉剛在國際航運中的地位，他受到各國首腦和大企業家的關注和讚賞，如英國前首相希思曾特地邀請他到別墅赴宴，詳細詢問他的經營方法，而美國總統雷根於一九八一年的就職典禮上也特邀包玉剛作為貴賓參加；他的電話可直通白宮，隨時能與美國總統對話。

　　包玉剛經常向人宣傳他的一個論點是：

　　他的成功離不開香港特殊的經濟環境，香港的繁榮離不開中國的支持。作為一名海外華人，只有中國強大，才能在國外感到光榮與自信。

　　因此，包玉剛雖然長期在海上經營他的航運王國，可他始終關注中國風雲。

　　多年來，隨著包玉剛的生意越做越大，他的交友範圍也涉及世界各國的政治人物，可以說，他的影響力有時已經遠遠超出一般的政界人物。早在一九七八年，包玉剛趕往北京會見了國家領導人後，他在多個場合演講時都會談到對香港前途的信心。

　　一九八一年五月十二日，包玉剛在與父親包兆龍去北京之前，他在香港外國記者俱樂部發表了一場演講。包玉剛直截了當地說：「由於一九九七年越來越近，有關在香港投資的問題也引起大量的討論。儘管中國領導人就這個問題已經有了明確的聲明，但仍然有不少人關心香港的前途而要求有關當局作出正式保證。我個人傾向相信中國政府已經盡了很大努力，雖然在與條約有關的嚴格法律問題上仍然存有分歧，但那並不致影響香港現時和一九九七年後的實際地位。」

　　這段話表達了包玉剛對香港前途的樂觀。他認為：「不必擔憂香港前途，不必為租約問題過分憂慮……部分人士急欲要求看到香港問題的正式解決，而我相信是可以找出一些方法去克服這些看起來很是棘手、我卻認為只是表面上的分歧問題，或者由雙方作出法理上的認同表示。能做這那樣自然是再好不過，但我個人對兩國政府最近就保持香港的現狀所表示的關注和興趣，已經非常滿意，我也相信我們實在沒有理由要為一個十六年後的日子過分憂慮。」

　　包玉剛向大家提議：「諸位最好改變一下思考習慣，不要再對一九九七年的問題無謂地擔心，這樣才能確保香港維持現狀，

激發傳統上對這裡的信心，反過來幫助香港對中國提供利益，進而確保香港的前途。」

「四月八日，一家報社就這個問題發表了一篇社論，題為《剃刀邊緣上的一個舒適座位》。它指出我們部分的成功，可能應該歸功於香港的現狀依然懸而未決的這個事實——因為這樣，我們才可以冒險和賭博，香港也就成為一個更快獲利和更可取的投資地方。我對此不敢苟同，但我認為我也寧願坐在一張不舒適的沙發椅上——正因為不舒適，我才不會因此自滿，但那張椅最低限度要夠寬和夠舒服，使我坐下時不致受傷，又像是坐在家裡那樣。」

隨後，包玉剛目光變得深遠，他不由向人們回顧起香港這幾十年的發展歷程：「我們在香港見過很多變遷。這裡最初只是一個浪漫卻艱辛的帝國前哨站，後來被迫成為逃難者前往其他樂園的車站，如今則是過去三十年來流入的移民真正的家園；他們的子女願意留下來，出國留學後也願意回來工作。香港今日提供的就業機會並非其他地方能輕易媲美，雖然我們都喜歡感嘆香港的生活水準每況愈下，但作為補償，香港確實創造了更多機會。」

撫今追昔，包玉剛又以自身的經歷證明香港充滿前途。他說：「儘管很多人談及一九九七年後香港仍然會生存下去，但最能反映大眾感受的，是香港的投資不斷地增加。就我而言，我參與地產或其他投資並非是想與傳統的英資洋行作對，而是與其他

多數人一樣對香港的前途充滿信心。控制權從一個環節轉到另一個環節，或者從一個集團轉到另一個集團，只是表示某些由於商業上成功帶來的資金需要另尋出路，因此，假如香港的紡織、船務或銀行界收購其他地方的資產或企業，那也不過反映了香港的經濟力，以及我們已經進入了跨國企業的行列。」

最後，包玉剛再次向在座的人強調他對香港的堅定信念：

「我認為香港可以擔當的角色遠遠超過未來的十六年之外，當然我們大家都要明白到自己的責任、努力維持這裡的進步、安定和繁榮。」

「我相信政府會採納實際和自由的經濟政策，並且繼續瞭解到越來越複雜的城市居民的需要。」

「我相信隨著時間的過去，其他國家會越來越努力地學習香港的例子；雖然我知道導致香港成功的因素不容易全部移植，但他們起碼可以學習部分香港成功的因素。」

「我相信透過在已開發國家及開發中國家的收購和參與，香港的利益可以擴展至國際，而如果有任何障礙的話，我們會盡力把它掃除。」

「最後，我也深信航運自由的邏輯，甚至今天的批評者，將來最終也會接納。」

包玉剛在外國記者俱樂部的慷慨陳詞使中國共產黨高層對他另眼相看，從那時起，中國共產黨高層與包玉剛之間就有了更

密切接觸。

包玉剛是海外華僑華人和港澳同胞中獲中國國家領導人接見次數最多的人士，不僅接觸頻繁，而且相交甚深，成為摯友。

在香港會德豐大廈十八層、環球集團總部包玉剛的會客室裡，一整面牆上主人與各國政要會見的大幅照片分外矚目。

很多人對包玉剛與世界上這麼多的大人物成為好朋友感到羨慕和費解。

在一次接受記者採訪時，包玉剛一語道破天機：「你和大人物接觸時，只要了解對方的情況，自然不會缺少話題，而對話時的態度不可自卑或輕浮，免得受人厭憎。除此之外，你必須搞清楚自己的立場，一切有分寸，別人自然就會對你客氣了。」

為香港回歸出錢出力

由於包玉剛在香港社會的重要地位和與英國方面的良好關係，中國政府十分重視他在香港回歸中的作用，包玉剛的頻頻來訪成為中國政府瞭解香港情況和外界訊息的重要途徑。

包玉剛與時任英國首相——「鐵娘子」柴契爾夫人也保持著良好的關係，每次到倫敦都會與她共進午餐及會談。

在柴契爾夫人還沒當首相時，包玉剛便已經和她的先生是高爾夫球場上結識的好朋友，只要去英國就會相約見面，而在柴契爾夫人當選首相後，包玉剛無須透過外交途徑就可以直接拜訪首相夫婦。

有一次，包玉剛帶著自己的大女兒陪慶去見柴契爾夫人。包玉剛帶了一盒禮物，對柴契爾夫人說：「夫人，這是一份聖誕禮物。」

柴契爾夫人說：「謝謝您，但作為政府官員，我想我必須拒

絕這份禮物。」

包玉剛神祕地說：「夫人，您先打開看看吧。」

柴契爾夫人打開盒子，發現裡面原來是一條普通的跳繩。

柴契爾夫人好奇地問包玉剛為什麼會送自己這樣一個特別的禮物。

包玉剛說：「送給您繩子，是希望您每天都能鍛鍊身體，因為我每天早上都會跳繩。跳繩是一項非常好的運動，尤其用這種繩子可以跳得很快。」

柴契爾夫人笑了。

看到這位尊貴的夫人露出微笑，包玉剛這才說出了自己要送的真正的聖誕禮物。他說：「我今天真正的聖誕禮物是向英國的哈蘭德與沃爾夫船廠（Harland & Wolff）訂了一條輪船，已經談妥簽約，請您一年後主持下水儀式、為它命名，祝福此船。」

當時的包玉剛素有航運界風向標之稱，他向哪個國家訂購，其他船東都會效仿，連帶能帶動該地的造船業。不過包玉剛也直言：「我的這筆訂單完全是為了您啊。我持有英國護照，同樣需要負擔一份責任，但請您明白，這是我做的唯一一筆虧本生意，畢竟船隻造價的確比在日本高，時間又長，等於少做了十二個月的生意呢。」

　　柴契爾夫人又高興又感動，欣然同意主持這艘船的下水儀式。包玉剛又說：「我同時也在上海訂了一條同類型的船，請首相您明年主持英國的船下水之後，就到中國去主持那條姐妹船的下水儀式。」

　　其中，包玉剛是希望這位首相能去上海，以非官方的角度來認識中國，看看改革開放的前途與潛力。

　　此後，包玉剛還曾拜託美國總統雷根轉贈柴契爾夫人一幅自己的書法，寫的是「柳暗花明又一村」。

　　就這樣，包玉剛同時被中英兩個政府所看重，不可避免地成為「和事佬」，以愛國愛港的立場積極參與中英關於香港問題的談判，經常奔波於北京、倫敦和香港之間，與各方頻繁地接觸、聯絡，形成別人力所難及的作用。香港基本法起草委員會委員鄔維庸就說過：「中國、英國、香港三方關係以往一波三折，包玉剛是緩衝及仲介的角色，他的一句話往往超過十個人的意見。」

　　當時有許多人將資金外撤、逃離香港。作為香港舉足輕重的人物，包玉剛在記者招待會上的一番話，表明他對香港的巨大信心，他表示會變賣船隻投資香港本土，則在香港引起巨大震動。

　　在中英聯合聲明簽署與兩國政府為香港問題進行的過程中，包玉剛扮演了一個鮮為人知的重要角色。

中英聯合聲明簽署之前，中英雙方曾數次舉行高峰會議討論香港前途問題，而包玉剛應邀出任顧問一職。

當中英就香港回歸問題的談判一度陷入僵局的時候，包玉剛多次出面斡旋，他邀請柴契爾夫人以非官方形式訪問上海，並參觀停泊在上海的船舶「世誼號」，促使談判出現轉機。

一九八二年九月，英國首相柴契爾夫人訪華後，中英開始了關於香港問題的談判。此後，不少港人曾一度為所謂的「前途問題」困擾，包玉剛卻始終充滿信心，一如既往地實施其「棄舟登陸」策略，頻頻重拳出擊，在香港本土進行大規模的投資活動，如控股香港地下鐵路和隧道，出任隧道公司主席；投資香港電力公司和《南華早報》；參股英資國泰航空公司，控股香港電車公司及天星小輪公司等。

一九八二年九月的中英關於香港前途問題的高峰會議上，包玉剛是唯一一位民間人士，但他代表香港五百萬居民以及香港英資和華資企業集團的意願，負責「協助中英雙方領導人，商討香港前途問題」；兩國領導人都認為，包玉剛是擔任顧問的適當人選。

一九八四年十二月十九日，《中英聯合聲明》在北京簽署，正式確認：中英用和平談判方式，歷史性地解決了香港回歸問題，中華人民共和國將從一九九七年七月一日對香港恢復主權。

為了記錄這歷史性的一刻，中國特別邀請香港各界人士組

成觀禮團赴京觀禮，包玉剛作為嘉賓應邀參加在北京人民大會堂舉行的署名儀式，成為歷史的見證者。

《中英聯合聲明》簽訂之後就要起草基本法，包玉剛也當上了基本法起草委員會副主任和諮詢委員會召集人，並在基本法諮詢委員會籌備成立期間表現出巨大的工作熱情。

基本法諮詢委員會成立的目的，是要讓更多的香港人有機會更廣泛參與基本法的起草。

諮詢委員會要展開活動就必須有經費，而據香港新華社當時的負責人回憶，包玉剛、李嘉誠、查濟民等幾位財力雄厚的企業家自願負擔需要的資金，但不希望公佈具體數字。後據消息靈通人士透露，首次籌集到的經費高達幾千萬港幣，由此推算，這些富豪慷慨解囊，所出不菲。

經費有了保證，接下來就是場地的問題了。包玉剛又是積極響應，提出把中環連卡佛大廈八樓的一整層讓給諮詢委員會作為辦事處使用。

當時正是包玉剛成功收購會德豐不久，連卡佛大廈是他旗下黃金商業區的黃金地段，但他仍毫不猶豫地把大廈的一整層讓出來，足見其慷慨豪爽的作風。

時任基本法起草委員會副祕書長的魯平說：「香港基本法記載包玉剛先生不可磨滅的功勞。」

《中英聯合聲明》的簽署使包玉剛深受鼓舞。雖然年近七十

歲高齡，他仍認真鑽研《中英聯合聲明》內容，熟記其中的重要條文。

在一次與新聞界人士的座談會上，記者對「出口成章」的包玉剛佩服得五體投地，戲稱正因為包玉剛把《中英聯合聲明》背得滾瓜爛熟，所以他才當上了基本法起草委員會副主任。

由於在香港社會的重要地位和香港回歸中的獨特作用，包玉剛一度成為香港首任行政長官的熱門人選，海外傳媒把他與李嘉誠等一起列入「紅色資本家」的名單。

捐資修建兆龍飯店

　　早在一九七八年，包玉剛見到中國國家旅遊局局長盧緒章的時候，就表示要捐資修建北京的飯店和學校等建築物，但由於種種原因，他一直沒有得到明確的答覆。

　　一九八〇年三月十五日，包玉剛應六機部部長柴樹藩邀請，到北京商談訂購船舶和航運合營等問題。

　　合營協議簽訂後，王震、谷牧等領導人會見了包玉剛。

　　會談中，包玉剛再次表示願意支持中國的旅遊事業。他說：「父親包兆龍和我本人願意無條件地捐贈一千萬美元，在北京適當地點建一家現代化規格的旅遊飯店，我只有一個要求，為紀念我八十幾歲的爸爸，飯店要叫做兆龍飯店。」

　　四月四日，包玉剛遞交信不久，國家旅遊總局就向國務院提交了《關於香港環球航運集團主席包玉剛捐贈旅遊飯店和辦公樓的請求報告》，就占地、貸款、進口材料和設備免稅等問題提

出了具體的要求和意見；國家旅遊總局領導層的態度十分一致：包玉剛捐資辦飯店的舉動，不但有利於緩和北京市旅遊飯店緊張的局面，還能吸引僑資進入中國。

四月九日，國務院批准了旅遊總局的報告，可接下來卻再無進展，包玉剛一千萬美元的支票硬是沒有人敢接。

包玉剛打電話給盧緒章，後者以國家旅遊總局局長的名義寫信給鄧小平，如實報告包玉剛的希望和要求以及如今遇到的問題，信件則由廖承志親自送交，這才使得事情能順利進行。

旅遊總局在東城區工人體育場路找了十畝地，位於三環路附近，距離北京機場也不遠，前景受人看好。

一九八一年一月，包玉剛在廣州與柴樹藩商談合作時，再次表示願意捐贈上海交通大學一千萬美元，用來建造一座現代化圖書館，唯一的要求也是以包兆龍命名。

包玉剛在電話中對盧緒章說：「只要北京定下飯店的地點，我將立刻陪同父親過去，把飯店以及上海交大圖書館共兩千萬美元的捐贈額一併交給國家。」

盧緒章爽快地答應了。

一九八一年七月三日，為了參加兆龍飯店的捐贈和奠基儀式，包玉剛夫婦決定陪同父親包兆龍及全家人，包括陪容、陪麗及孫子孫女一行九人先去北京、再去上海，讓八十六歲的包兆龍重返上海看看故居，順便瞭解一下交通大學圖書館的設計情況。

　　轉眼就是包玉剛父子到京的日子。一九八一年七月六日，鄧小平接見包兆龍、包玉剛父子，親手接過用來建造兆龍飯店和上海交大圖書館各一千萬美元的支票，並為兆龍飯店題字。

　　一九八五年十月二十五日，兆龍飯店舉行了落成典禮。

　　這一天，對包玉剛來說是一生中最為激動的一天。

榮歸故里創辦大學

　　早已登上「世界船王」寶座的包玉剛多年來無時無刻不想念自己的家鄉，在他的觀念中，不管他本人地位如何顯赫、如何風光，總歸還是要葉落歸根的。

　　一九八四年十月二十八日，包玉剛終於高興地接受了寧波市政府的邀請，在盧緒章的陪同下踏上闊別幾十年的寧波故鄉。

　　這一天，寧波大街上彩旗招展、歡聲雷動，身穿節日盛裝的孩子們揮舞著鮮花綵帶，專業的樂隊演奏著歡快的樂曲，大道上歡迎的人們翹首以待，終於迎來了一列貴賓車隊。

　　陪同包玉剛回鄉的還有妻子黃秀英、大哥包玉書夫婦、妹妹麗菊與素菊、妹夫李伯忠、好朋友鄭煒顯以及新華社香港分社副社長，一行共十幾人。浙江的官員、寧波市市長也出面接待，陪同參觀訪問。

　　第一天，包玉剛要回鐘包村附近的神鐘山祭祖。

其實在年初的時候，包玉剛就接到仍在寧波的外甥的電話，外甥說：「早年我們家祖墳因為附近的姚江大閘建工廠，所以遷到神鐘山；政府把包家的祖墳修葺一新，希望您能回去祭祖。」

包玉剛聽了不由熱淚盈眶，「我今年就回去。」

神鐘山離寧波市也不遠，是個山清水秀的好地方。包玉剛來到山前，竟然有恍如隔世之感：「我從小在這裡長大，居然不知道有這麼一個好地方？」

包家的祖墳剛被重修過，通往墳地的路整理良好，包玉剛順利地率領家族成員來到祖父墳前，他們擺上水果美酒、點上香燭，按傳統方式跪拜祭祖。

第二天，包玉剛又帶著家族人員回到了鐘包村，曾經的石屋小村已然高樓聳立，童年的那些回憶要到哪裡去找？當年與黃秀英洞房花燭夜的新房還在不在？

出乎意料，包家老屋都保存得很好。包玉剛先來到「履安堂」向祖先祈禱納福，又與黃秀英走進了四十多年前成親時的新房，當年的擺設依然完好，就連結婚用品也原封不動。

包玉剛與妻子相視無語，這一對花甲老人，眼前都彷彿浮現出新婚那天的場景。

隔天包玉剛參觀了江南最古老的藏書樓「天一閣」。

天一閣始建於明朝嘉靖年間，被譽為中國最古老的藏書樓，名字取意於漢代鄭康成注《易經》中「天一生水，地六成之」，其結構為樓上一間，樓下六間，別具特色，相傳是由范欽所建。

范欽是嘉靖年間的進士，官至兵部右侍郎。傳說他生平愛讀書更愛藏書，為官期間總愛四處尋覓古書、孤本，蒐集各地縣誌和地方志，並於閒時加以整理、補充，不斷完善。經過幾十年的苦心經營，他的藏書超過七萬冊，不少文人墨客都來登門求教，以借書一睹為快。

范欽一生正直，看不慣官場腐敗，後因與嚴嵩父子政見不合，辭官還鄉，回到寧波建造天一閣，潛心於書籍收藏和整理，餘生在天一閣度過。至他去世時，天一閣藏書達二十萬冊。

他的後代恪守他的遺訓：「代不分書，書不出閣。」藏書量擴展至三十多萬冊。

這天，「天一閣」的古籍管理工作人員聽說來訪者是香港船王包玉剛先生，特意將「天一閣」珍藏的《包氏家譜》捧出給包先生看，其中記錄了包家綿延繁衍的根系。

包玉剛順著包氏綿延脈絡查下去，意外地發現自己的太祖父包奎祉居然是北宋著名清官包拯的後代。

可是，據說包拯老家在安徽合肥，他在汴梁做官，為何他的子孫會跑到江南寧波呢？據這本《包氏家譜》中記載：包拯

有兩子，長子包臆，幼子包授。

北宋末年，宋高宗在包授的六世孫包元吉的保駕下南逃，建都臨安，冊封包元吉為翰林院待制。後南宋被元所滅，包元吉的孫子包榮成為元朝的廉訪使，晚年告老辭官，從臨安遷至四明。

包榮有兩孫，即世懋和世忠，在元代至正年間，也就是一三四一年至一三六八年左右，包世懋官居定海學教諭，包世忠隨兄定居定海橫河堰。

至此，世居汴梁的包氏家族的其中一個分支便在江南寧波紮根下來，開枝散葉，於清朝光緒年間出了一名讀書人，他便是包玉剛的太祖父包奎祉。

如此推算，包玉剛便是包拯的第二十九代嫡孫。

知道自己居然是北宋清官的後人，包玉剛高興地呼喊起來：「原來我是包青天的子孫啊！」

包玉剛下定了為家鄉辦些實事的決心，便問市長：「寧波現在最需要解決的是什麼問題？」

市長說：「寧波現在還沒有一所綜合性大學，地方培養建設人才很困難。」

包玉剛沉默不語，過後他對盧緒章說：「表哥，要實現現代化，教育是最重要的，沒有合格的人才，什麼事情都做不好。寧

波是全國十四個沿海開放城市之一，人口與香港差不多，面積比香港大十倍，但沒有綜合性大學，這是以前的我沒有想到的。我想幫助家鄉辦一所大學，你看怎麼樣？」

盧緒章當即表示：「好啊，你的想法很好。」

第二天，寧波市委宴請包玉剛夫婦。席間，包玉剛談了兩天來的觀感，他說：「寧波比我想像中要好得多，不過潛力還很大，特別是寧波港。如果港口能充分開發，我看寧波前景無量。」

市委書記說：「寧波被正式列入十四個沿海開放城市後，市委、市政府專門做了部署，現在最缺乏的是資金和人才，我們誠心歡迎包先生能對寧波的發展多提寶貴意見。」

包玉剛順勢告訴他：「不瞞您說，我準備創辦寧波大學！我出錢你出地，我願意出資兩千萬美元。」

包玉剛的這項決定使在座各位皆大歡喜，大家紛紛站起來鼓掌慶賀。

一九八四年十二月十九四，包玉剛正式與寧波市政府簽約興建寧波大學，在有關各方的支持、關懷下，大學的籌建工作非常順利。

在一次接受香港《大公報》記者採訪時，包玉剛談到了他對寧波大學的設想。他說：

　　寧波大學初期會以理工科為主，主要是為了配合當前的需要。四個現代化主要依靠科技，我們必須先準備好理工科，學生畢業後就能為寧波有所貢獻。

　　寧波是塊寶地，這裡的北崙港不會淤塞，又是個深水不動港，船舶位充足，每天吞吐量可達億噸以上，擴充潛力很大，將是中國對海上貿易重要的港口之一。寧波還有輕、重工業，這些產業都需要人才，寧波大學的設立可以為解決人才問題而貢獻力量……至於擴展為綜合性大學，將在後一階段將逐漸促成。

　　一九八五年十月二十九日，寧波大學舉辦奠基典禮，包玉剛負責在典禮上致詞。

　　一九八六年十一月二十五日，包玉剛出席寧波大學開學典禮，而寧波也從此結束了沒有綜合性大學的歷史，圓滿幾代寧波人的大學夢。

拜師母建中興中學

一九八四年十月，包玉剛回到故鄉寧波鐘包村祭祖。他從老宅出來後又去看了兒時就讀的中興小學，這座名噪一時的名校還完好地保存著，幾乎維持著包玉剛讀書時的樣子。

回到家鄉後，包玉剛發覺這裡的教育仍然落後。他說：「曾有一位教育家說過：『一位偉大的政治家，必然重視教育，否則只能叫做政客；一位偉大的企業家，他必然致力於智力的投資，否則他只能成為過眼雲煙的失敗者。』」他說這句話的意思很明確，他雖然不是政治家，但卻想成為一位偉大的企業家。

包玉剛很重視教育，即使在初到香港的困難時期，他也把女兒送進最好的學校去讀書，女兒後來也全部進入美國著名的大學學習，包玉剛深感欣慰。

包玉剛為什麼熱衷於在家鄉辦教育？葉澄衷是影響人之一。

　　近代寧波幫先驅葉澄衷先生在事業有成後，領悟了一個道理，他說：「興天下之利，莫大於興學。」

　　一八九九年，他在上海虹口出銀十萬兩興建澄衷蒙學堂，這就是後來的澄衷高級中學。

　　一九〇二年，他在家鄉鎮海莊市斥銀三萬兩創建葉氏義莊。

　　一九〇三年，他出資建立義塾，這就是中興中學的前身。

　　百年名校培養了大批人才，所以包玉剛致力於辦學，並不是一個偶然的決定。

　　包玉剛對少年時代的恩師始終銘記不忘，一踏上故鄉的土地，就在中興小學的王爾功、阮維肇、曹世豪、莊修之四位同班老同學陪同下，一同看望老師支家英——當年選他當旗手的老師。

　　可惜這位可敬可愛的老師已經謝世多年，師母尚健在，已是八十六歲的高齡，卻耳聰目明，很有精神。

　　包玉剛見到師母非常高興，猶如見到恩師一樣，恭恭敬敬地給師母三鞠躬。在師母房間裡，包玉剛看到了支老師的遺像，他也虔誠地雙手合十，畢恭畢敬鞠躬。

　　包玉剛在即將離開師母家時，他對師母說：「您老有話就對學生說，能辦到的，學生一定盡心盡力去辦。」

　　師母抹了一下淚水，笑了，「我沒什麼要求，中興也停辦多

年，你把學校重新辦一辦吧。」

包玉剛含笑點頭說：「師母您放心，學生一定盡力恢復中興母校，感謝恩師和母校師長對學生的教誨、栽培。」

包玉剛離開師母家後，便和幾位同學朝中興學校舊址——葉氏義莊走。路上，他對王爾功、阮維肇、曹世豪、莊修之愈位同學說：「我覺得中興母校新校址可以就設在葉家旁邊，土地由你們四位負責徵用，錢由我們這些香港校友出。」

四位同學都笑了，齊聲說：「好。」

一九八四年十一月，就在包玉剛重回香港不久，第四屆中興校友會籌備會以王爾功、阮維肇、曹世豪、莊修之四人的名義，向旅港中興校友發出恢復中興學校的倡議。

包玉剛接函後異常激動，當即回函：「來函述及中興母校之議，不勝欣慰，我對此深寄厚望。」

一九八五年二月十日，中興學校第四屆校友會和中興學校籌建委員會，相繼在上海南京東路的和平飯店宣告成立。在校友會上，這些兩鬢斑白的老同學感慨萬千，即興賦詩一首：

少年歲月賽黃金，黃金哪比同窗情。老來從容憶少年，喜展藍圖畫中興。

這首詩道出了這群老同學重逢共商復校的喜悅心情。恢復中興中學的消息，猶如一陣春風，吹醒旅港中興校友沉睡多年的

母校情。

連續三屆任香港寧波同鄉會會長的包從興，是一位蜚聲海內外、德高望重的企業巨擘。聽到中興復校的消息後，他主動擔負起聯絡旅港校友的重任，發起認捐復校資金工作。

邵逸夫、包從興和趙安中以其子名義各捐一百萬港幣，葉謀彰捐五十萬港幣，其餘由包玉剛捐資六百五十萬港幣，湊足一千萬港幣建造中興中學。

一九八六年十月二十六日，中興中學舉行隆重的奠基典禮。

由於包玉剛等中興旅港校友的大力支持，隔年九月，百年中興拔地重起，並由原來窄小破舊的小學擴建為一所環境幽雅、設備齊全的中學。在中興中學的落成典禮上，包玉剛以一個老校友的身分語重心長地對新一代中興學子說：

希望你們好好利用這所設施完備的學校，接受各位師長的教導，刻苦學習，使自己打好基礎，成為有用的人才，為國家的現代化建設作出貢獻。

包玉剛除捐資創辦寧波大學和中興中學外，還捐資數百萬元，與其他中興學校校友一起恢復鎮海小學，並新辦一所兆龍小學。

包玉剛在香港寬敞明亮的會客廳裡掛著一副條幅：「十年樹木，百年樹人。」

　　有人曾就這個條幅問過包玉剛：「你掛這個條幅，有什麼特殊意義嗎？」

　　包玉剛凝眸沉思了片刻，說：「中國的四個現代化需要有優秀人才和先進科技支撐，培養人才刻不容緩，而寧波身為十四個開放港口之一，大學的存在同樣很重要。小學、中學是大學的基礎，沒有穩固的根基，自然無法興建高樓大廈，所以我們才會決定捐資一所大學，恢復一座中學，新辦一個兆龍小學。」

勤儉持家報效國家

包玉剛是個生性節儉的人，不會亂花一分錢，但他卻絕不是個吝嗇的人，該花的錢絕對不會手軟。這一方面得益於包玉剛從小所受的教育。

包玉剛家庭有做生意的傳統，而包玉剛的家族觀念很濃，對父親包兆龍從來都沒有說過一個「不」字，甚至到了敬若神明的地步。

無論在生意上還是在家庭中，包兆龍都是一個非常傳統的人，治家很嚴，對子女嚴厲中透著慈愛，謹慎而正直，從小就教育子女後代要獨立自強，靠能力吃飯。

包玉剛成為富豪之後，財富越積越多，包兆龍卻沒有恃財傲物，仗勢欺人，相反，他時時處處以身作則，仍然保持著勤勉節儉的生活作風。尤其是在穿著方面，他從不追求名牌，一件新衣往往穿到後領都磨破了也捨不得扔掉。

　　包玉剛在父親的言談行為教育下，對女兒們要求也很嚴格，甚至表現得有些高壓。包玉剛認為，對下一代的溺愛會毀了他們，他對後輩最大的希望是他們接受良好的教育，並讓他們根據自己的興趣去選擇自己的生活道路和生活方式。

　　包玉剛把四個女兒送進了他能找到的最好的學校，中學畢業之後，便讓她們在美國選擇一所大學繼續深造。

　　包家家風節儉，即使成為香港富豪之後也不曾改變。但包家姐妹沒有覺得可恥，反而覺得很自豪。包玉剛只容許女兒們每一段時間擁有一雙鞋。

　　他經常教育女兒們：「人們都以為寧波很發達，其實寧波人很節儉，也不怕吃苦。你們的鞋全是你母親一針一線做的，鞋裡用的全是碎布。咱們老家有句話，『寧波女人十個指頭，都是做鞋時被刺破過的』，必須要好好珍惜。」

　　包玉剛有一個習慣，每逢新船下水，他都會邀請各地的政客、夫人、公子、小姐參加擲瓶下水禮。柴契爾夫人、安妮公主、菲律賓總統馬可仕夫人都是他經常邀請的嘉賓。這個擲瓶儀式是商界中很隆重的典禮，這些知名人士的光臨自然為典禮增色不少，而包玉剛也一定會送上極厚極貴重的禮物。

　　包陪慶二十一歲生日那天，正好趕上包玉剛有一艘新船下水，於是她就請了幾個朋友到父親的公司參加新船剪綵儀式以慶祝自己的生日。包玉剛知道之後，硬是把這些邀請取消了，他對

女兒說：「這艘船不是我賺回來的。儀式是屬於公司的，是用來招待公司客人的，你對公司沒有任何貢獻，無權利用公司的儀式來為你慶祝生日。」

包陪慶當時委屈地哭了，並說父親「不近人情」，但她後來慢慢地記住了包玉剛的話，做人應該公私分明，不能因為自己是船王的女兒而有任何特殊待遇。

包玉剛與各國政客都有來往，但包玉剛送給他們的禮物卻是一條跳繩——他用來鍛鍊身體的工具。深諳社交之道的包玉剛笑稱：「我覺得沒有什麼比送繩更特別、更有意義的禮物了。」

當然，這只是種生意場上的表面「手段」，送給各國政要的最好禮物當然是包玉剛的輪船訂單，因為它能推動該國工業的發展、擴大就業機會，無疑解決了最令政治家們傷腦筋的問題。

對於中國，包玉剛也採取了同樣的策略。他先向中國訂造了相當數量的一批輪船，這個舉動曾引起國際航運界的關注，中國的造船業也因此而蜚聲海外。

與此同時，包玉剛還想出了更能幫助中國走向富強的方法——幫助中國興辦工業。

包玉剛的家鄉寧波北侖港是一個天然良港，海域遼闊，港域水深達二十公尺以上，而且不凍不淤，能停泊十幾萬噸的巨輪。

孫中山當年視察寧波時，被北侖港的優越地理條件吸引，

稱之為「東方大港」，並想把它建造成一個「東方鹿特丹」，但後來因財力不足而作罷。

一位日本專家偶然路過此地，他驚嘆於深不見底的碧波蕩漾的海域，認為這是「中國港口的皇冠」。

包玉剛多年經營航運，對港口有著一種特別的感情，當他知道家鄉寧波居然有這麼一個寶地，便迫不及待地前去觀看，並且在第一眼就被這個有巨大發展潛力的良港吸引了。他說：「寧波的港口是中國最有前途的港口，今後在亞洲和全世界也將佔有重要地位。有了這樣一個港口，寧波的經濟建設前途無量。」

包玉剛相中了北侖港，並決定把這裡開發出來。他說：「我計劃建造一個可駛入三十萬噸輪船的港口，在此基礎上建立二十平方公里的開發區，並利用港口條件興辦大型鋼鐵企業。」

一九八五年十一月，國務院專門成立了「寧波經濟開發協調小組」，並以國務院名義聘請包玉剛、盧緒章為顧問。小組職責是研究協調寧波改革開放和經濟發展中的一系列重大問題，這在當時的中國可以說是獨一無二的。

包玉剛對這個協調小組興趣極大，用他的話講，協調小組等於在寧波和北京之間架起橋樑。他欣然表示：「我當顧問，我跑腿。」

從此，包玉剛為開發寧波而奔波於香港、北京、浙江之途，為推銷寧波形象，往返於歐、美、亞洲之間，風塵僕僕，不

辭辛勞。他頻頻向各國首相與企業家介紹北侖港的優勢條件和良好的投資環境，希望他們到寧波考察。為此，外國朋友還戲稱包玉剛為「寧波大使」。

為家鄉的發展，包玉剛樂此不疲，他一再表示：「寧波的事也是我的事。」

經過包玉剛的斡旋，英國等國的公司紛紛組織代表團到寧波進行實地考察和可行性研究，並同中方進行了多次正式會談。

一九八六年十月十五下午，由包玉剛主持，中國冶金進出口公司代表和英國戴維麥基公司代表，在上海和平飯店簽訂了關於中外合資寧波北侖鋼鐵廠項目協議．。

宣布退休女婿繼位

　　一九八六年，包玉剛再三思索之下，向外界宣布：自己將在兩年內退休。

　　包玉剛沒有兒子，只有四個女兒。他曾開玩笑地對人說：「我雖然只有四個女兒，她們卻給我添了四個兒子。」

　　如同包玉剛的希望，他的四個女兒學有所成，並按照自己的興趣、愛好選擇自己的職業和伴侶。包玉剛與其妻並不干涉女兒的選擇，認為不用理會對方是貧還是富，只要為人正派，有事業心、進取心，便可考慮，結果四個女婿當中，竟有三個是經營管理的「門外漢」。

　　中國傳統是子承父業，早在包玉剛退休之前，他就有意要培養女婿成為接班人，負責打理他建立起來的包氏地國。即便四位男性有三位不懂商業，包玉剛也沒有輕易放棄，他不斷向女婿們灌輸家族團結一致、共同進退的思想，設法把女婿納入自己的

王國內。

　　經過幾年的努力，他終於達成了心願。

　　最先加入包氏集團的是大女婿蘇海文。蘇海文是一位奧地利人，原名叫赫爾墨特‧索克曼，一九四一年出生於奧地利，父母都是捷克人。索克曼在遇到包陪慶之前，他從來沒有想過會娶一個中國妻子，更沒有想過會成為世界船王的女婿。

　　索克曼一心想當一名出色的律師，在維也納讀完大學之後，隻身前往美國的芝加哥大學攻讀法律博士，並在那裡認識了包陪慶，從此改變一生的命運。

　　他們是在一九六七年一個為歡迎外國留學生而舉行的舞會上第一次見面，當時包陪慶正攻讀法學課程三年級。那天，包陪慶記錯了舞會的內容，梳了一個很成熟的髮型，使她看起來像是為扶輪社招收學員的工作人員一樣老氣橫秋。

　　誰知歪打正著，這個梳錯的髮型為她帶來了一段美滿姻緣。

　　索克曼在人群裡一眼就發現了這個與眾不同的中國女孩，並立即喜歡上她，兩人很快便墜入愛河。

　　兩人交往的初期，包陪慶並沒有告訴索克曼她的父親是誰，而索克曼在後來知道自己的戀人原來是世界船王包玉剛的女兒，既沒有自慚形穢，也沒有欣喜若狂。作為一個有自己理想和抱負的年輕人，他只想成為一名律師，對船和船主並沒有特別興趣。

　　大女兒愛上了外國人！消息傳到香港，在一向平靜的包家掀起了軒然大波，包玉剛大吃一驚，黃秀英更是迷惑不解，他們一時無法想像，一個白皮膚、藍眼睛、棕頭髮的「外國佬」來到面前，喊他們一聲「爸、媽」的時候，會是怎樣的一種情形。

　　當這對熱戀中的年輕人準備結婚時，雙方家庭都顯得很冷淡。

　　索克曼在奧地利的母親寄了兩封信給包玉剛，告訴他兩個孩子結婚的打算，卻都沒有得到回音，其母因此對兒子的婚事再也提不起興趣。

　　對於包玉剛的沉默，索克曼卻認為：「相信對一個難題長期不予答覆，問題就會自己離開，這常常是生意人無奈的選擇。」雖然沒有得到雙方家長的支持，索克曼和包陪慶還是決定結婚。

　　也許是因為自己有言在先，也許是因為沒有挽回的希望，包玉剛決定接受現實，和妻子到芝加哥參加女兒的婚禮。

　　包玉剛接受他們的決定，並使得婚禮以最好的方式進行。兩人結婚後，包玉剛常常到蒙特羅去看他們，而當索克曼在加拿大皇家銀行擔任法律顧問的時候，包玉剛要他考慮參與他的生意。

　　包玉剛說：「這是中國的傳統，家庭成員之間要互相幫助。」

　　包陪慶開始的時候並不太情願，她覺得加拿大廣闊的天地更適合他們，而索克曼對包玉剛的事業也不感興趣，但他最後仍

然決定嘗試。

索克曼放棄自己熟悉的一切以及原來的追求，投身到完全陌生的世界，開始從事完全陌生的工作。

一九七〇年，索克曼夫婦來到香港，加入環球船務公司協助包玉剛打理生意。

由於索克曼的名字較長，包陪慶為他取了一個中文名字──蘇海文。「蘇」是「索」念起來很像，「海」寓意他從事的海運業，「文」則顯示他勤奮好學。

因為他的正直、誠懇和出色的工作表現，在這以後的二十多年，蘇海文憑著出眾的才華，迅速從一個船務行業的外行變成內行，這一點跟當年的包玉剛很相似。蘇海文不久被擢升為環球集團的第一副主席，執掌環球集團的所有船務，其後擔任匯豐銀行、《南華早報》、會德豐和九龍倉董事以及港龍航空公司的董事經理。

蘇海文坦然承認自己加入包氏集團是因為包玉剛的關係。他說：「我是包爵士的女婿，我確實因為他是我的岳父才加入環球船務。既然一切都是事實，我便唯有接受。」

但是，對於別人認為他今天的地位完全是倚仗岳父而來，他卻不屑一顧。他說：「我認為最重要的是證明自己確實有才華，那麼別人便會去賞識你，閒話就不攻自破。」

蘇海文正是以自己的出色表現去證實自身的價值。

一九八六年九月，包玉剛將環球航運集團主席的位置讓給了這位大女婿。同年，蘇海文當選為立法局議員，成為包氏家族中唯一進入香港權力核心機構的繼承者。

二女兒陪容的選擇算得上最符合父親的心願了。

陪容學的是室內設計，她選中了上海人吳光正作為終身伴侶。

他們是一九七〇在香港認識的，並沒有立即發展成戀人。兩年後，吳光正的母親請陪容從香港帶一件木雕工藝品給她在美國的兒子，千里姻緣一線牽，在異國他邦，兩人墜入情網。

包玉剛似乎特別偏愛陪容和吳光正。

吳光正身高中等，文質彬彬，總是一介白面書生的樣子。他的父親是名建築設計師，在德國工作了三十年。

吳光正出生於上海，在香港受教育並到美國上大學，主攻建築學、物理學和數學，後來轉戰商業，並在哥倫比亞商業學校取得 MBA 學位。

畢業後，吳光正在美國大通銀行工作，直至一九七三年結婚。他隨妻子遷回香港，任職於大通銀行香港辦事處。

儘管他知道包玉剛是大船主，但吳光正並沒有急於參與包氏家族的生意，因為大通銀行的老闆警告過他，不要捲入任何船務生意中。

　　吳光正是包玉剛四個女婿中唯一一個有共同語言的接班人，一來因為兩人都出身自銀行界，熟悉彼此工作，二來吳光正是上海人，包玉剛在上海的時間也相當長，能使用同樣的話。包玉剛當然不可能放棄這樣的人才，力邀他加入包氏王國。

　　家族的力量占了上風，吳光正在結婚後不久也加入包氏集團。在包玉剛收購九龍倉一役中，吳光正在岳父旁出謀劃策、打點一切，充當智囊和助手的角色，成功嶄露頭角，得到他的信任。

　　一九八六年十月，包玉剛把九龍倉主席讓給吳光正。此後，吳光正一直擔任著包氏集團陸上王國的「龍頭老大」，負責九龍倉系和會德豐系的七家上市公司，掌握資產達到三百億港幣。

　　包玉剛的三女婿叫渡伸一郎，他與包陪麗是在華盛頓大學認識的。當時，渡伸一郎學習建築學，陪麗學習美術，共同的審美眼光使兩個年輕人擦出了愛情的火花。兩人取得碩士學位之後，雙雙留在洛杉磯工作。

　　陪麗一向專心於她的繪畫藝術，對包家的大輪船並不太感興趣，甚至可以說有些冷漠。有了大姐嫁外國人的先例，陪麗沒有多理會父親對日本人的複雜感情，由自己來決定一生的幸福。

　　三女婿渡伸一郎當初出現時曾令包玉剛好一陣為難。包玉剛對日本人一直懷有複雜的難以用語言表述的情感。

一九三○、四○年代，日本侵略者的鐵蹄踐踏中國的大好河山，使人民流離失所，慘遭殺戮，也使新婚燕爾的包玉剛和夫人開始了顛沛流離的流亡生涯，那時候的他對日本人恨之入骨。

戰後的日本背負重壓，為重整經濟，他們發展本國的工業，制訂了許多優惠政策吸引外國的投資者。初涉航運界的包玉剛一眼就看中了這些優惠政策，並與日本人建立了密不可分的合作關係，可以說，沒有日本人，就沒有後來的環球航運。

對日本人的這種複雜的情感，一度使包玉剛對女兒的婚事感到為難，但因他有言在先，不干涉女兒的抉擇，所以並未表示任何反對意見。相反，當包玉剛發現這位身為建築師的日本女婿有著精明的頭腦以及一套勤於思索、善於交際的本事時，便毫不猶豫地把他納入包氏王國。

後來的事實證明，這位日本女婿為包氏王國又添了一根棟樑。在他應岳父之邀加入環球之後，包玉剛便把日本方面的生意全部交給他掌管，渡伸一郎成為包氏集團在日本的全權代表。

在包玉剛的四個女婿中，四女婿鄭維健最晚才加入包氏集團。倒不是因為他結婚比較晚，而是他在相當長一段時間裡，不願放棄自己從事的工作，被稱為「包玉剛費了最大的努力才抓到的女婿」。

陪慧是父母最寵愛的女兒，也許是年紀最小的緣故，她在家裡是一個小公主，活潑可愛，聰明伶俐，還有點淘氣。

陪慧與三姐陪麗一樣，對藝術有一種執著的熱愛，是一位相當出色的美術設計師。

從陪慧懂事開始，她就看見父親終日忙個不停，每次向父親撒嬌讓他陪自己多玩一會兒時，父親總是「好、好」邊應答著，邊穿好衣服準備出門。

陪慧覺得，父親那樣生活很累，後來連姐夫們也一樣忙了，像他們那樣成天緊張地工作，真是沒有什麼人生樂趣可言！

於是，陪慧選擇了一位醫生做自己的丈夫。

鄭維健是廣東人，出生於香港，在美國從事癌症科學研究工作，是美國威斯康星醫學院和紐約癌症專科紀念醫院的院士。

鄭維健非常熱愛自己的事業，與陪慧結婚後，兩人定居美國，自立門戶，過著平常人的生活。

包玉剛每次去美國，都會去探望女兒、女婿和外孫，而且每次都會勸說女婿回到家族業務中，但每次都遭到婉拒。對此，包玉剛既惋惜，卻又無可奈何。

直至一九八七年，包玉剛到紐約看望女兒一家，順便讓女婿為他做一次體檢。當檢驗結果出來時，大家都吃了一驚：一向健康的包玉剛竟然罹患了癌症。

這個消息對包玉剛及其家族成員是極大的打擊，可它同時成全他一樁好事。包玉剛拿著化驗報告對鄭維健說：「包氏家族

有近百億美元的美國債券、股票和現金，需要一個親信打理。」

鄭維健這時不敢過於頂撞，他低下了頭，沉默不語。

包玉剛又說：「我現在又得了這個病，時間對於我來說實在是太寶貴了，我希望在最短的時間裡找到一個可靠的幫手接下這部分的事情。我考慮再三，這個人選非你莫屬。」

鄭維健抬起頭，嘴角動了一下，似乎要說點什麼，卻最終沒有說出來。

包玉剛步步逼近：「我讓陪慶的兒子蘇文剛冠上包姓，是不是給你心理負擔，認為加入了包氏集團，就等於入贅包家？其實你大可不必為此操心，你和陪慧的兒子成然，以後冠不冠包姓，由你們做主，我不勉強。」

鄭維健打斷了包玉剛的話：「爸爸，我不是這個意思，一直以來，我只是太喜歡我從事的研究而已。既然爸爸您這麼說，我再固執己見，則實為不孝了，我會考慮您的提議。」

四女婿終於鬆了口，包玉剛大喜過望。他說：「一份癌患報告，換得女婿歸心，值得！」

一九八七年，鄭維健終於棄醫從商，偕妻兒回到香港，出任包氏家族私人投資的環球投資公司的董事經理。

對於棄醫從商的決定，鄭維健說：「我在醫學上的職業已達到高峰，包爵士給我跟他學習新東西的機會，是難能可貴的。何

況，我還想自己的兩個孩子接受更多中國文化的薰陶。」

　　雖然鄭維健並不像吳光正和蘇海文那樣時時成為新聞媒介捕捉的對象，但他打理包氏家族內部的生意卻頭頭是道，在經營上也頗得岳父的風範。他說：「觀念的形成並不難。一年以後，我就感覺到，金錢才是積累資金和投資業務的條件。我們大都採取保守經營法，目的是為了儲備剩餘資金，我們不願意冒險。」

　　包玉剛安排四位女婿各司其職，很像古時帝王分封諸侯的方式，對此，他有自己的看法：「我見過其他家族發生的事，人人你爭我奪。我相信他們分開管理一些東西是較好的方法。」

　　包玉剛要求四個女婿所管轄的四個部門中，每部門都要像他的總王國一樣，作廣泛的配置、各立帳戶、各自管理自己的流動資金和股票，形成相對獨立的體系進行運營。

　　對於女兒們的安排，包玉剛也是有一套辦法。雖然他傳統觀念根深蒂固，但卻積極主張女兒參與到夫婿的業務中。

　　包玉剛曾對朋友說：「我告訴女兒們不要像媽媽一樣古老。她們應學習一些生意，但她們暫無權力，直至她們瞭解業務。」

　　四個女兒名義上為其夫婿主管集團公司的「非執行董事」，不具有權力，但她們要出席公司每一次董事會議。

　　對於這種「垂簾聽政」式的安排，四位女婿均認為有必要。蘇海文說：「如果有些什麼事情發生在我們身上，我們的妻子知道如何管理我們的業務，這是十分重要的。」

　　包玉剛在一九八五年之前發覺自己的身體有些問題時，他就開始部署退路，安排包氏王國的龐大資產。最後，他把包氏財產併入五個信託基金，各自劃入太太和四個女兒的名下，即一人一個基金，每個基金是獨立的。

　　包陪慶和蘇海文掌管他們名下的船隊業務，包陪容和吳光正掌管他們名下的九龍倉，其餘兩個女兒和夫婿則持有一些現金和股票。四對夫婦都各不持有對方基金的一分錢，每對夫婦的財產都是絕對獨立、自主的。

　　這樣的安排，外人評論說不失為一個「萬全之策」，因為它避免了在包玉剛百年歸老之後，家族裡出現的財產之爭。

　　一九八八年，包玉剛向外界宣布徹底退休，家族業務全部交由四位女婿打理。

最後一擊留下遺憾

一九八八年，包玉剛對外界宣布自己徹底退休了。

即便如此，人們似乎並不相信包玉剛會撒手不管。按照他四位女婿從岳父那裡沿襲下來的傳統、謹慎的經營作風，遇到決策時仍與包玉剛共商對策。一般人認為，包玉剛是退而不休，依然是包氏王國的幕後主腦。

不管外界怎麼猜測，包玉剛似乎從此與自己的妻子放下了一切，一心享受生活。

包玉剛與妻子黃秀英在一九三七年結婚，到包玉剛宣布退休，正好是兩人的金婚之時。

黃秀英是個百分之百的中國傳統賢妻良母，她把家看成是一個城堡，甚至不願踏出城堡到外面旅行。她是一個專心奉獻的妻子和母親，更是一個好外婆。

在女兒們的眼中，黃秀英是一個「舊時代的女子」，而這也確實如此。黃秀英的身上深深地烙印中國傳統婦女的印記──一個不折不扣的舊式女子。

想當年，她在青春年華便接受了父母的安排，嫁給一個不認識的男人，對於這段包辦婚姻，她沒說一個「不」字。

新婚燕爾，正碰上戰火紛飛的年代，她隨丈夫輾轉大半個中國。為了能讓丈夫專心工作，她把一個家擔起來；為了丈夫能吃好，她寧願喝白開水；為了買到稻米，她夾在饑民中排一天一夜的隊，不曾有過半句怨言。

定居香港之後，包玉剛的事業不斷發展，黃秀英也不斷學習以適應丈夫的變化。她偶爾會陪丈夫打一、兩局高爾夫球，或出入一些重要的社交場合，而更多時間，她寧願待在香港，而不是隨丈夫到世界各地旅行或公幹。

黃秀英沒有什麼語言天分，到香港四十多年，仍只會說寧波話，甚至在英女王為包玉剛封爵的典禮上，她仍然用寧波話與女王交談。

平時在家，黃秀英最大的娛樂就是打打麻將，和包玉剛一樣生活也是非常簡樸。

多少年來，這對結髮夫妻一同經歷了戰亂、流亡、饑餓和困苦，也一同品嚐了成功的喜悅。難得的是，這麼多年來，彼此仍忠貞不貳，深愛對方，人們都很羨慕他們。

　　不過，包玉剛還是有一個未了的心願，那就是收購置地。

　　置地被稱為「皇冠上的明珠」，是包玉剛覬覦已久的目標。雖然像李嘉誠、鄭裕彤等巨富也未能成功收購這顆明珠，但年事已高的包玉剛仍想一試。

　　一九九一年九月，包玉剛透過怡和總裁凱瑟克以前的舊部薛博理與凱瑟克接觸，表示九龍倉欲作價每股十點二五港幣收購怡和持有的百分之三十三的置地股權。

　　明眼人一看就知包玉剛的意圖：以一百億港幣收購置地三分之一股權，就可穩控市值三百億港幣的置地。

　　置地在中環壟斷了那兒的商業土地，如能收購成功，加上九龍倉本身擁有的物業，包玉剛在商用物業上就可以稱霸港九，市值大增了。

　　精明的凱瑟克聽了包玉剛的意見後，他反建議說：「置地以九龍倉市價加一成半，全面收購九龍倉。」凱瑟克這招應對得實在高明，因為全部九龍倉市值才一百九十億元，置地應付得來。

　　早在一九八〇年，包玉剛從怡和手中奪走了九龍倉，已經令凱瑟克顏面掃地，甚是惱怒。但他也明白，包玉剛是不會把辛辛苦苦搶到手中的肥肉放棄的。凱瑟克提出這個建議，只不過是反唇相譏，告訴包玉剛：「別以為只你有錢，想吞併置地？沒門！」

　　隨著華資勢力的強大，九龍倉、會德豐等英資企業紛紛落

入華資財團手裡，致使怡和置地大驚失色。很清楚，華資集團的下一個目標就是他們。

於是，怡和立即改組，成立怡和策略有限公司，並修改置地章程，規定怡和大班是置地的永遠主席，只要怡和持有百分之二十五的股權，就能保住置地不會被強行收購。

包玉剛的努力失敗了，直至這年的中秋之夜，與二女婿吳光正乘船出海賞月的時候，仍對自己的「最後一擊」耿耿於懷。

一代船王溘然謝世

　　一九九一年九月二十三日，晨光初露，天色微紅，對世界上大多數人而言，這是一個很普通的日子。中秋節剛過，不少香港市民還沒有從睡夢中醒來，這東方大都會仍然像以往一樣，遍佈港九各角落的報攤已經開檔做生意，茶樓裡人聲鼎沸、旺氣喧天，山上、海邊、公園裡，不少市民正在晨練，街道上車水馬龍，熱鬧非凡。

　　但這一天卻又是一個很特別的日子，令許多人悲慟傷感和震驚的日子。

　　這天清晨，憾事悄聲發生在美麗、清靜的港島南區淺水灣一棟青磚牆、木結構屋頂的住宅裡，只是由於某種原因，外界並沒有即時得到消息。直到下午，香港市民關注的焦點仍然幾乎全放在與這所私人豪宅緊挨著的另一所豪華私宅的主人──香港首富李嘉誠的身上。

因為這天，幾乎所有的報紙都在頭版頭條位置，轉述英國《星期日泰晤士報》昨天刊載的報導，關於華人首富李嘉誠捐巨款給英國執政保守黨的事蹟，並在香港引起一場的轟動。

直至傍晚時分，清晨發生在淺水灣那間豪宅的不幸之事，才第一次透過電臺傳媒向外界公佈：

在商界與政海叱吒風雲的「世界船王」包玉剛爵士，已於今日清晨因呼吸系統疾病發作，搶救無效，在家中逝世，享壽七十三歲。

一代天驕人物突然與世長辭，令香港人震驚。容易淡忘的香港人突然間就把被新聞界炒得沸沸揚揚的李嘉誠捐款事件拋諸腦後，但更令人想不到的是，就在包玉剛病逝之後不久，他也像李嘉誠一樣，被傳媒披露他捐款給保守黨──而且包玉剛所捐的款項，比李嘉誠捐出的還多。

正被捐款事件困擾著的李嘉誠，向來視包玉剛為自己「可以推心置腹的好朋友」和難得的「好鄰居」，當晚聽到包玉剛與世長辭的噩耗後感到由衷地悲傷並十分驚訝：「怎麼會呢？這個月，我曾和他單獨會面，我們談了不少事情，就在幾天前，我還和他通了電話……」

包玉剛病逝的噩耗來得太突然，他的一些女兒、女婿和外孫、外孫女遠在國外，連見他最後一面的機會都沒有，在接到家裡的電話後才匆匆地返港。

　　與包玉剛恩恩愛愛一輩子的太太黃秀英，一直守候在他身旁，陪他度過人生最後的日子。雖然幾年前包玉剛在美國被診斷為癌症，但他有個研究癌症的女婿時常為他診治，加之包玉剛為人樂觀，每天堅持鍛鍊身體，還時常周遊列國，寄情山水，頤養天年，所以癌症一直沒有進一步惡化。

　　雖然三年前包玉剛已經退休，把龐大的航運業王國交由四個女婿打理，但他還會時常去中區會德豐大廈的辦公室，看看報紙，與老朋友敘舊話新，生活十分快樂。

　　雖然包玉剛近年臉上的老年斑增多，偶爾會氣喘吁吁，顯得有些老態，但他精神飽滿，聲音洪亮，行動抖擻，時常開懷大笑，所以他仍然給人以年輕的感覺，也參加許多公開活動。

　　一九九○年，亞洲最高的大廈——香港中銀大廈竣工，包玉剛應邀參加大廈剪綵儀式。他的頭梳得一絲不亂、油光可鑒，穿著筆挺的培羅蒙西裝，舉著酒杯，與各界朋友暢談。

　　一九九一年夏季，寧波市政府在香港舉行鄉誼會，包玉剛應邀出席，並用道地的寧波話向各位來賓致賀詞。會上，包玉剛和寧波市領導暢談寧波港建設，談寧波大學的辦學情況，談怎樣加快發展寧波，還希望自己以後多回故鄉看望寧波的鄉親父老。

　　不久，包玉剛又出席香港中國企業協會成立的酒會。酒會上，他笑口盈盈，頻頻舉杯祝酒，和老朋友笑談。

　　兩個月前，包玉剛又興致盎然地偕太太遠飛美國，遊山玩

水，怡情散心，並會見幾個美國的親朋好友。

九月二十二日，也就是包玉剛病逝的前一天清晨，天色剛亮，他就和女婿吳光正乘著豪華的私家遊艇出海。站在遊艇上，包玉剛春光滿面，意氣風發，興致勃勃地和吳光正談生意，部署競投有線電視，策劃怎樣再向英資財閥重拳出擊，收購他虎視眈眈已久的置地集團。談到興奮時，他還對著大海振臂狂呼。

到了晚上，包玉剛和家裡人聚在自家的花園裡吃月餅，慶中秋，談天說地，聆聽淺水灣的濤聲，觀賞從家門口的海上升起的一輪明月。這天晚上，他一反平日早睡的習慣，到了晚上十點多還全無睡意，依然陪著太太、女兒、女婿和外孫說說笑笑，直至午夜才回房休息。

二十三日的拂曉時分，包玉剛哮喘病突然發作，呼吸困難，奄奄一息。家人急急忙忙叫來醫生，經一番搶救後仍然無效，一代船王就這樣離開了人世。

船王葬禮極盡哀榮

一九九一年九月二十四日，也就是包玉剛病逝的第二天，世界各國各地的報紙、廣播、電視都發佈了「世界船王與世長辭」的消息。

幾十年來，包玉剛在商界走南闖北、廣結良緣，好友滿天下。他憑著個人的知名度和公關才能，成為許多國家領導人的貴客，布希、雷根、英國女王、柴契爾夫人、基辛格博士、密特朗總統、中曾根康弘、李光耀等國際知名政要，都與包玉剛交情深厚。

所以，當包玉剛不幸病逝的消息傳出，各國的領導人和各方好友紛紛發來唁電，表示對包玉剛逝世的極大悲哀。

包玉剛的逝世，中國國家領導人江澤民、英國首相梅傑、日本首相海部俊樹、新加坡總理吳作棟等外國領導人向包玉剛家屬發來唁電，對包玉剛的業績給予高度的讚揚。美國總統布希還

給包玉剛夫人發來親筆慰問信,為失去一位好朋友表示深深的哀悼之情。

包玉剛生前的商界朋友以及香港的不少商業機構和社會團體,紛紛給包玉剛親屬發出唁電,對包玉剛的逝世表示沉痛的悼念。

包玉剛病逝的第二天,包氏家族的商業王國——九龍倉集團屬下公司的旗幟都降半旗,向曾把九龍倉帶進新時代的包玉剛爵士致哀。

一九九一年十月三日上午,世界船王包玉剛爵士的喪禮在位於北角渣華道的香港殯儀館裡隆重舉行。

包玉剛出殯的消息早已公開,大清早就有數百名市民前來殯儀館,一睹世界船王的喪禮和出殯儀式。香港殯儀館內縈繞著迴腸蕩氣的哀樂。

包玉剛靜靜地躺在西式銅製靈柩裡,遺容極其安詳,彷彿正在酣睡之中。他的遺體穿著白襯衫,結上灰白色領帶,外加燕尾西裝——這是他生前參加宴會時很喜歡的穿著。遺體上還蓋著一床紅色陀螺經被,上面繡著金線經文。

包玉剛的靈堂設在一樓的基恩堂。靈堂色澤以黑白和灰色為基調,大廳兩旁垂掛著白紗球和黑紗布,地上全鋪上了新地毯,通道處地毯為深灰色,座位處則為淺灰色,七百張棕色座椅全由包家運到。整個靈堂設置所需費用超過兩百萬港幣。

　　靈堂正前方設置一個陵墓形狀的巨型靈台，由純白色的丁香花砌築而成，漂亮而聖潔；靈台正中位置放著包玉剛的彩色遺像，靈台前擺放著一炷香、兩支燃著的蠟燭和一盆水果。

　　包玉剛的遺像上面，鮮花圍繞著一塊橫匾，上面寫著四個大字：名留千古！

　　在靈堂門外和福海堂內，以及殯儀館旁邊的公路旁，密密麻麻地擺放著各界送來的弔唁的花圈和花籃。

　　到了十點多鐘，出席喪禮的嘉賓已近一千人，他們個個身穿深色西裝、白色襯衫，結黑領帶，衣著莊重，神情凝重。十一點，喪禮正式舉行。香港演藝學院的管絃樂團奏起哀樂，香港佛教聯會的覺光法師隨即帶領二十五名弟子為包玉剛做法事。之後，港督衛奕信、新華社香港分社社長周南以及包氏旗下多間公司的員工走到靈台前弔唁致祭。接著，匯豐銀行主席浦偉士和香港中文大學前校長馬臨分別用英文和中文致悼詞——

　　包先生身上所體現出來的精神方面的力量，使他跨越因出身和國籍不同而產生的界限；也使他跨越因偏見、傳統觀念所產生的界限。在很多方面，包先生顯示出一個天生領袖的品德，無論做任何事情，都給後人留下深遠的影響。

　　包先生辦事計劃周詳，準備充足，工作勤奮；在談判方面表現出非凡的耐力。他自奉甚儉，反對奢華的生活浪費。他一向善於運用金錢，不但用於投資新計劃，給人創造更多的就業機會，

也透過其他形式發展教育，推動文化活動，提供體育設施和資助健康及福利機構，從而投資未來。

　　包先生思想開明，容許女兒選擇大學和夫婿，也毫不猶豫地讓女婿加入他的事業。包先生雖然不是政治家，卻深諳政治其中的真諦，因此不少世界領袖瞭解他，有的更成為他個人的朋友。

　　包先生主張健體強身，而當他要實現一個理想時，會以堅定的意念全力以赴，務求達到目的。

　　包先生可靠的商業信譽和國際間的知名度，曾幫助香港登上世界舞台……

　　浦偉士和馬臨致完悼詞，來自北京的男高音歌唱家馬看海還唱起了一首悼念包玉剛的輓歌《多情的土地》：

　　你屬於我，我屬於你，朝朝暮暮在一起。走千里，走萬里，永在你的懷抱裡。做一顆種子泥土裡埋，開花結果為了你。做一棵楊柳路邊上長，年年報導春的消息。啊！多情的土地，你屬於我，我屬於你。

　　你屬於我，我屬於你，生生死死不分離。我有一顆赤子心，你有一片慈母意。做一隻百靈鳥藍天上飛，迎著那朝陽歌唱你。做一棵青松高山上立，年年為你擋風雨。啊！多情的土地，你屬於我。我屬於你。

　　十二點三十分，來賓瞻仰包玉剛的遺容後，大殮開始。

為包玉剛扶靈的有八個人，除周南和柴契爾爵士外，其餘六位都是包玉剛生前友好的商界巨子，分別是有「影業巨子」之稱的無線電視主席邵逸夫爵士、長江實業主席李嘉誠、匯豐銀行主席浦偉士、匯豐銀行前主席桑達士爵士、安子介和日本銀行家池浦喜三郎。

這麼顯赫的人物，這麼強大的陣容，為一個死者扶靈，這在香港的歷史上還是第一次；包玉剛逝後極盡哀榮，喪禮極盡隆重，為香港的名流喪禮寫下歷史的一頁。

在包玉剛黑色的墓碑上，鑴刻著這位世界航運奇蹟的創造者的治家格言——持恆健身，勤儉建業。

包玉剛葬在何處？ 曾有消息指出，包玉剛於生前為自己買了一塊地作為百年後的安息之所，地點在深圳大鵬灣的華僑永久墓園，又有人透露，包家在香港的公墓也曾買有墓地，但最有根有據的說法是包玉剛葬在夏威夷——因為遺體從殯儀館運往了機場。

對於包玉剛為何選擇夏威夷這個遙遠的海島作為自己永遠的歸宿，眾說紛紜。有人說是曾有高人指點，說夏威夷風水好，有助包家世世代代興盛不衰，但據包氏家族的成員所說，這是因為包玉剛生前喜愛夏威夷。

包玉剛生前的近二十年間，每年至少都要游夏威夷一次，有時還會帶著家人一起去。夏威夷明媚的陽光、潔淨的空氣、蔚

藍的海水讓幾十年來在商界奔波勞碌的包玉剛忘卻疲勞和煩憂。

包玉剛的心願是，在他百年歸老之後，他仍然可以像以往那樣，在夏威夷這個他十分喜愛和熟悉的地方，游泳、曬太陽、吃海鮮、打高爾夫球。

正如港督衛奕信爵士在包玉剛逝世後發表的聲明中表示的：

包玉剛爵士是本港一位著名商人，同時也是香港第一位在國際社會中享有很高威望的人物。

附：年譜

一九一八年農曆十月十三，在浙江寧波鐘包村出生。

一九二六年九月，在葉氏中興學校入學。

一九三一年，從寧波赴漢口，在包兆龍的平和鞋帽莊學生意，後進英商安利洋行保險部做實習生。

一九三七年，與黃秀英女士結為夫妻。

一九三八年，從漢口去上海加入中央信託局。

一九三九年，在赴昆明途中首次經過香港。

一九四二年，任中央信託局衡陽辦事處保險部主任、中國工礦銀行衡陽分行經理。

一九四四年，任中國工礦銀行重慶分行經理。

一九四五年，從重慶到上海，任上海銀行營業部經理、上海銀行副總經理。

一九四八年，包兆龍出售國豐造紙廠，同家人移居香港。

一九四九年三月，移居香港，從事與內地的進出口貿易，任新聯公司總經理。

一九五五年，購買第一艘船「金安號」，創建環球航運有限集團。

一九五八年，任命李唯勇為倫敦公司負責人。

一九六○年，參股於會德豐、馬登公司控制的亞洲航業有限公司。

一九六一年，建造第一艘貨輪「東梅號」。

一九六二年，任命東京、紐約分公司負責人張培明及李保羅。

一九六三年，購買第一艘二手油輪。

一九六五年，開拓國際石油運輸市場取得實質進展，殼牌、埃克森、英國石油公司等租用大量環球集團船隻；取得亞洲航業控股權；獲得日本函館市榮譽市民稱號。

一九六六年，第一艘新造油輪「世冠號」在日本交貨；創辦環球海員訓練學校。

一九六九年，第一艘超級油輪「世豐號」在日本交貨；任命包玉星為新加坡分公司負責人。

一九七○年五月，母親陳賽琴女士逝世；與匯豐銀行正式合作；任恆生銀行董事；長婿蘇海文博士加入環球航運集團。

一九七一年，任匯豐銀行董事；獲得日本大阪市榮譽市民稱號。

一九七二年，環球航運有限公司在百慕達成立並成為集團；環球

金融投資公司同匯豐銀行和日本興業銀行合作。

一九七三年二月，美國《財星》雜誌稱包玉剛為「海上的統治者」；第一百五十艘新造貨輪訂購合約簽字；捐款建造的香港大學包兆龍保健中心落成；獲委任為美國大通銀行國際咨委會會員。

一九七四年，第一百艘新造油輪「世煕號」交貨；環球航運集團船隻總噸位超過一千萬載重噸。

一九七五年，榮獲香港大學榮譽法學博士學位；榮獲日本佐世保市榮譽市民稱號；捐款建造的香港仔游泳池落成；二婿吳光正加入環球航運集團。

一九七六年三月，美國《新聞週刊》封面文章稱包玉剛為「海上之王」；獲英國女王授予的 CBE 勳銜；十二月，在美國哈佛大學商學院發表著名演講《經營航運業的心得》。

一九七七年十一月，香港藝術中心包兆龍樓落成；榮獲巴西勳銜；任日本興業銀行顧問。

一九七八年，環球航運集團船隊總噸位超過兩千萬載重噸；四萬噸特大超級油輪「肚福號」下水，並租給巴西石油公司，為期十年；被英國女王伊麗莎白二世封為爵士；捐款建造的香港仔室內運動中心落成。

一九七九年，當選為國際獨立油輪船東協會主席，該協會總部設在挪威奧斯陸。

一九八〇年六月，收購九龍倉有限公司，出任九龍倉主席；為巴西援助協會捐款；正式訪問北京、上海，組建國際聯合船舶投資有

限公司；獲委任匯豐銀行副主席。

一九八一年，捐款建造香港理工學院包兆龍輪機訓練實驗室落成；榮獲日本三級勳章；獲委任美國電報電話公司諮詢委員會會員。

一九八二年十一月，父親包兆龍先生逝世，成立包兆龍教育基金；榮獲比利時及巴拿馬勳銜。

一九八三年，三婿渡伸一郎加入會德豐的科恩斯公司。

一九八四年十月，從香港第一次返回故鄉寧波；獲委任美國聯合技術公司諮詢委員會會員。

一九八五年三月，收購會德豐有限公司，出任會德豐主席；六月被中國全國人大常委會委任為香港基本法起草委員會副主任委員；設立包兆龍、包玉剛中國留學生獎學金基金；十月捐資建造的北京兆龍飯店落成，捐資建造的上海交通大學包兆龍圖書館落成，收購港龍航空公司百分之三十股權，出任港龍主席。

一九八六年，捐贈一千四百萬英鎊，同中英政府共同創立中英友好獎學金；七月購入英國渣打銀行股份，出任渣打銀行副主席；九月捐贈兩千萬美元創建寧波大學；十月任國務院寧波經濟開發協調小組顧問；十一月寧波包兆龍路通車，包玉剛圖書館落成。

一九八七年，四婿鄭維健加入環球航運集團；十月捐款重建的寧波鎮海莊市中興中學落成；捐款建造的杭州包玉剛游泳池落成；包夫人黃秀英捐款建造的黃鱔湘門診樓落成；訪問合肥市。

一九八八年六月，收購美國奧姆尼飯店集團；捐款兩百五十萬英鎊建造的英國電影學院博物館落成；包氏家族退出渣打銀行。

　　一九八九年六月，宣布退休；十一月蘇海文退出港龍航空公司，認捐港幣五百萬元助建寧波大學體育中心；該中心於一九九一年年初落成。

　　一九九〇年六月，獲頒髮香港特別行政區基本法起草工作紀念牌；十月捐贈六百三十萬元人民幣興建寧波大學圖書館，該館於一九九二年八月落成；十一月認捐港幣五百萬元興建合肥市第三人民醫院「包兆龍住院樓」，工程於一九九二年年底完成。

　　一九九一年七月，捐贈港幣一千萬元興建寧波市第二醫院住院大樓，工程於一九九三年年底完成；八月，捐贈港幣五百萬元賑濟浙江省水災災民；九月二十日，病逝於香港寓所。

國家圖書館出版品預行編目（CIP）資料

從世界船王到亂世銀行家：包玉剛的海陸空霸業 / 郭豔紅著 . -- 第一版 .
-- 臺北市：崧燁文化，2020.05
　面；　公分
POD 版

ISBN 978-986-516-240-5(平裝)

1. 包玉剛 2. 傳記

782.887　　　　　　　　　　　　109007022

書　　　名：從世界船王到亂世銀行家：包玉剛的海陸空霸業
作　　　者：郭豔紅 著
發 行 人：黃振庭
出 版 者：崧燁文化事業有限公司
發 行 者：崧燁文化事業有限公司
E-mail：sonbookservice@gmail.com
粉 絲 頁：　　　　　　　網址：
地　　　址：台北市中正區重慶南路一段六十一號八樓 815 室
8F.-815, No.61, Sec. 1, Chongqing S. Rd., Zhongzheng
Dist., Taipei City 100, Taiwan (R.O.C.)
電　　　話：(02)2370-3310 傳　真：(02) 2388-1990
總 經 銷：紅螞蟻圖書有限公司
地　　　址: 台北市內湖區舊宗路二段 121 巷 19 號
電　　　話:02-2795-3656 傳真:02-2795-4100　　網址：
印　　　刷：京峯彩色印刷有限公司（京峰數位）

本書版權為千華駐科技出版有限公司所有授權崧博出版事業有限公司獨家發行
電子書及繁體書繁體字版。若有其他相關權利及授權需求請與本公司聯繫。

定　　　價：320 元
發行日期：2020 年 05 月第一版
◎ 本書以 POD 印製發行